Das verfluchte Haus in der Oxfort-Street

Bulwer-Lytton

Bahnhofstr. 240 • 44579 Castrop Rauxel • Deutschland
www.hermetischer-bund.de

Mein Dank geht an Peter Windsheimer für das Design des Titelbildes. Des Weiteren an Ariane und Michael Sauter.

Für Schäden, die durch falsches Herangehen an die Übungen an Körper, Seele und Geist entstehen könnten, übernehmen Verlag und Autor keine Haftung.

ISBN: 978-1-291-22509-9

Einer meiner Freunde, ein Schriftsteller und Philosoph, sagte eines Tages, halb im Ernst, halb im Scherz, zu mir: „Denke dir, seit wir uns das letzte Mal sahen, habe ich mitten in London ein Haus entdeckt, in dem Geister umgehen."

„Was du sagst! Ein Haus, in dem es spukt! Was geht denn darin um, wirkliche Geister?"

„Das kann ich dir wirklich nicht sagen. Alles, was ich darüber weiß, ist Folgendes: Vor sechs Wochen suchten meine Frau und ich ein möbliertes Zimmer. Während wir eine ruhige Straße entlang gingen, sahen wir an dem Fenster eines der Häuser einen Zettel mit der Aufschrift ‚Möblierte Zimmer zu vermieten'. Die Lage sagte uns zu, wir traten in das Haus ein, die Zimmer gefielen uns, wir mieteten sie – auf wöchentliche Kündigung – und verließen sie bereits nach drei Tagen wieder. Keine Macht der Erde hätte meine Frau bewegen können, länger in der Wohnung zu bleiben und ich muss gestehen, dass ich dies begriff."

„Nun, was ist euch denn darin zugestoßen?"

„Weißt du, ich möchte wirklich nicht in deinen Augen lächerlich erscheinen oder von dir als ein abergläubischer Träumer betrachtet werden, aber andererseits kann ich auch nicht verlangen, dass du auf meine bloße Versicherung hin mir etwas glauben sollst, was jeder bezweifeln würde, der das nicht mit eigenen Augen gesehen hat. Ich will dir nur das Eine sagen: Wir sind weniger durch etwas wirklich Gehörtes oder Gesehenes aus dieser Wohnung vertrieben worden, nein, es war vielmehr ein unbeschreibliches Grauen, das meine Frau und mich befiel, so oft wir an der Tür eines gewissen kleinen leeren Zimmers vorbeikamen, obschon wir nicht gerade etwas Bestimmtes aus dem Zimmer hörten oder sahen. Bei der Gelegenheit stimmte ich zum ersten Mal in meinem Leben mit meiner Frau überein; ich musste ihr wirklich, nachdem die dritte Nacht vorübergegangen war, darin beipflichten, dass es unmöglich sei, noch eine vierte Nacht in diesem Hause durchzumachen.

Kurzum, ich suchte am Morgen des vierten Tages die Vermieterin auf, sagte ihr, dass die Zimmer nicht ganz unseren Wünschen entsprächen und wir deshalb schon vorzeitig die Wohnung verlassen wollten. Während ich ihr den vereinbarten Preis bezahlte, sagte sie ganz trocken: „Ich weiß, weshalb Sie auszuziehen wünschen. Immerhin, Sie sind bereits schon länger hier geblieben als irgendeiner Ihrer Vorgänger. Wenige brachten eine zweite Nacht hier zu, niemand aber vor Ihnen eine dritte. Es scheint, „sie" haben sich gütig gegenüber Ihnen benommen".

„Sie? Wen meinen Sie damit?", fragte ich, indem ich gezwungen dazu lächelte.

„Sie – je nun, ich meine diejenigen, die in diesem Hause umgehen; mögen sie sein, wer sie wollen; mich stören sie nicht, ich kümmere mich einfach nicht um sie. Aber ich erinnere mich ihrer Gegenwart schon seit langen Jahren, schon seit damals, als ich dieses Haus noch nicht in abhängiger Stellung bewohnte. Jedenfalls weiß ich, dass ‚sie' einst die Ursache meines Todes sein werden. Doch was tut das – ich bin alt und später oder früher muss ich doch sowieso einmal sterben und dann lebe ich doch in diesem Hause mit ihnen fort."

Die Frau sprach diese Worte mit so schwermütiger Resignation, dass mich eine Art von Scheu davon abhielt, weiter mit ihr über diese geheimnisvollen Dinge zu reden. Meine Frau und ich waren froh, dass wir ohne Weiterungen aus dem Hause davon kamen."

„Du erregst meine Neugier außerordentlich, lieber Freund.", entgegnete ich. „Ich muss gestehen, dass es mich beispielsweise sehr stark reizen würde, einmal in einem Hause zu schlafen, in welchem Gespenster umgehen! Bitte gib mir doch die Adresse der Wohnung, die ihr so fluchtartig verlassen habt."

Mein Freund gab mir die Adresse und nachdem wir geschieden waren, suchte ich unverweilt das bezeichnete Stadtviertel auf. Das Haus lag auf der nördlichen Seite der Oxfordstraße in einer düsteren, aber anständigen, Quergasse.

Das Haus war verschlossen. Diesmal war kein Vermietungszettel an ihm zu erblicken und auf mein Klopfen erhielt ich auch keine Antwort. Eben wollte ich mich wegwenden, als ein junger Bursche, der leere Zinnkrüge aus den Nachbarhäusern eingesammelt hatte, auf

mich zutrat und mich höflich fragte: „Mein Herr, suchen Sie jemanden in diesem Hause?“
„Allerdings! Ich hörte, hier sei eine Wohnung zu vermieten.“
„Eine Wohnung zu vermieten? Das sollte mich aber wirklich wundern. Die Vermieterin ist schon seit drei Wochen tot und niemand findet sich, der Lust hätte, sich mit dem Hause zu befassen, obgleich Herr Jackson eine reichliche Bezahlung dafür aussetzte. Er bot meiner Mutter, die bei ihm arbeitet, ein Pfund wöchentlich an, nur dafür, dass sie täglich die Fenster öffnen und schließen solle. Doch meine Mutter mochte dieses Anerbieten nicht annehmen.“
„Sie mochte nicht? Warum denn nicht?“
„Weil es hier spukt! Die alte Frau, die das Haus bisher gehütet hatte, wurde eines Tages mit weit aufgerissenen Augen tot in ihrem Bette aufgefunden. Die Leute sagten, der Teufel habe sie erdrosselt!“
„Das ist ja ganz schrecklich! Doch du nanntest mir eben Herrn Jackson; ist das der Eigentümer dieses verrufenen Hauses?“
„Freilich!“
„Wo wohnt er denn?“
„In der Gibbonstraße Nr. 3.“
„Was ist denn Herr Jackson von Beruf? Hat er irgendein Geschäft?“
„Nein, das ist nicht der Fall, er treibt nichts Besonderes; er lebt für sich allein.“
Ich gab dem Burschen für seine bereitwilligen Auskünfte ein wohlverdientes Trinkgeld und machte mich schleunigst auf den Weg nach Herrn Jacksons Wohnung. Die Gibbonstraße war nicht weit entfernt von der Straße, wo das Spukhaus stand. Ich war auch vom Glück begünstigt, den Eigentümer zu Hause anzutreffen; es war ein schon ältlicher Mann mit einem klugen Gesicht und von einnehmendem Wesen. Nachdem ich mich vorgestellt hatte, kam ich mit meinem Anliegen ohne weitere Umschweife heraus und sagte ihm, ich hätte gehört, da jenes Haus als ein unheimliches verschrien sei, dass ich aber gleichwohl ein außerordentliches Verlangen hätte, einmal in solchen Räumen weilen zu können, die in einem so merkwürdigen Rufe ständen. Ich würde ihm zu größtem Dank

verpflichtet sein, wenn er jene Wohnung mir mietweise nur für eine Nacht zur Verfügung stellen wollte. Ich wäre bereit, für seine Gefälligkeit jeden Preis, den er verlangen möchte, zu bezahlen.
„Mein Herr,“, antwortete Herr Jackson mit ausgesuchter Höflichkeit, „ich stelle Ihnen das Haus ganz zur Verfügung auf solange oder kurze Zeit, wie es Ihnen beliebt. Ich will auch ganz davon absehen, dafür eine Miete anzunehmen. – Ja, ich wäre Ihnen sogar zu Dank verpflichtet, falls Sie möglicherweise die Ursache jener seltsamen Erscheinungen herausbekämen, welche gegenwärtig das Haus ganz unvermietbar und daher völlig wertlos machen. Denn nicht nur, dass ich keine Mieter finde, es findet sich nicht einmal jemand, der es in Ordnung halten und etwaigen Anfragern Auskunft geben möchte. Es ist eben nicht zu leugnen, dass es in dem Hause unglücklicherweise spukt, wenn man diesen Ausdruck dafür gebrauchen darf, und zwar geschieht dies nicht nur bei Nacht, sondern sogar am hellerlichten Tage, obschon die Ruhestörungen und merkwürdigen Erscheinungen während der Nacht natürlicherweise einen noch unheimlicheren, ja, manchmal geradezu entsetzlichen Charakter haben. Die arme Alte, die vor drei Wochen darin ein so plötzliches Ende gefunden hat, habe ich seiner Zeit aus dem Armenhause befreit. In meiner Familie hatte sie schon als Kind verkehrt, wie sie überhaupt früher bessere Tage gesehen hatte. Ja, sie befand sich sogar einst in so guten Verhältnissen, dass es ihr möglich war, von meinem Oheim jenes Haus zu mieten, in welchem sie ihren Tod gefunden hat.
Die Alte hatte in ihrer Jugend eine ganz leidliche Erziehung genossen; sie besaß einen gesunden Verstand und war das einzige Wesen, welches ich jemals zu überreden vermochte, in jenem Hause auszuhalten. Nachdem sich aber nach ihrem so plötzlichen Tode, dessen Art durch den Leichenbeschauer in der Nachbarschaft herumgetragen wurde, dort das Gerücht von der Unheimlichkeit des Hauses weiter und immer weiter verbreitet hat, muss ich schier daran verzweifeln, ihre Stelle wieder besetzt zu sehen, geschweige, einen regelrechten Mieter zu finden. Dabei würde ich heute das Haus jedermann gern unentgeltlich für ein Jahr überlassen, der sich nur

verpflichtete, die Steuern und Taxen dafür zu bezahlen."
„Seit wann trägt denn eigentlich dieses Haus den unheimlichen Charakter an sich?"
„Dies Ihnen genau zu beantworten, bin ich kaum in der Lage. Jedenfalls ist es schon sehr lange her. Die alte Frau, mit der ich einmal darüber sprach, meinte, dass es schon vor 30 bis 40 Jahren, bevor sie in das Haus gezogen sei, darin gespukt habe. Ich selber habe den größten Teil meines Lebens in Ostindien zugebracht, erst im vorigen Jahre bin ich nach England zurückgekommen, um die Erbschaft jenes Oheims anzutreten, unter dessen Nachlass sich auch dieses Haus befand. Als ich es übernahm, waren Fensterläden und Türen dicht verschlossen, es war unbewohnt. Das Gerücht ging um, es hausten Gespenster darin und deshalb verstünde sich niemand dazu, in ihm zu wohnen. Ich lächelte anfangs über dieses Märchen, ja ich zögerte nicht, einiges Geld auszugeben, um das Innere und Äußere des Hauses wieder instand zu setzen. Ich ergänzte den altväterischen Haushalt durch einige neue hübsche Möbel, kündigte dann die Wohnung öffentlich an und erhielt auch bald einen Mieter auf ein Jahr.
Es war ein Oberst a. D.. Er bezog das Haus mit seiner Familie, die aus Tochter, Sohn und vier bis fünf Dienstboten bestand. Am nächsten Tage schon verließen sie sämtlich das Haus. Alle waren von dem äußersten Entsetzen erfüllt, allen war Schreckliches begegnet, obschon jeder etwas anderes wahrgenommen haben wollte. Bei dieser Sachlage konnte ich es nicht über mich gewinnen, den Oberst etwa wegen des Kontraktbruches gerichtlich belangen zu lassen – ja, es war mir nicht einmal möglich, ihn wegen seines Verhaltens zur Rede zu stellen. So wies ich denn jener Alten eine Stellung als Hüterin des Hauses an und bevollmächtigte sie, das ganze Grundstück, in einzelne kleine möblierte Wohnungen geteilt, zu vermieten. Aber was half es – niemals hatte ich einen Mieter, der länger als drei Tage geblieben wäre. Es erübrigt sich, Ihnen all die einzelnen Geschichten zu berichten, von denen mir die Mieter erzählten. Nicht zwei Mieter haben nämlich die gleiche Erscheinung

gehabt! Jedoch, mein Herr, das Beste ist, Sie schöpfen aus eigener Anschauung ein Urteil, bevor Sie das Haus mit einer vorgefassten Anschauung betreten. Freilich müssen Sie sich dagegen wappnen, allerhand Ungewöhnliches zu sehen oder zu hören und Sie tun gut daran, alle Vorsichtsmaßnahmen zu ergreifen, die Ihnen zu Ihrer Sicherheit nötig erscheinen."

„Haben Sie selbst, Herr Jackson, nie ein Verlangen verspürt, einmal eine Nacht in jenem Hause zuzubringen?"

„Gewiss! Zwar bin ich keine Nacht über dort geblieben, aber drei Stunden bei hellem Tageslicht. Meine Neugierde ist allerdings nicht ganz befriedigt worden, aber doch so weit gedämpft, dass ich wahrhaftig nicht den Wunsch hege, das Experiment je wieder zu erneuern. Jedenfalls sehen Sie, mein Herr, dass ich Ihnen durchaus nicht irgendetwas verschweige, und wenn Ihr Verlangen nicht ganz besonders dringend und Ihr Nervensystem nicht ausnehmend widerstandsfähig ist, dann möchte ich Ihnen lieber raten, von einer solchen Nacht in jenem Hause abzusehen."

„Nein, mein Interesse ist ein zu starkes.", sagte ich. „Nur ein Feigling versteckt sich hinter der Zartheit seiner Nerven, sobald es darauf ankommt, in einer ungewöhnlichen Lage auszuharren; übrigens sind meine Nerven durch Gefahren aller Art abgehärtet. Ich kann mich durchaus auf sie verlassen – selbst Geistern gegenüber!"

Herr Jackson schien keine Gegengründe mehr vorbringen zu können. Er nahm die Schlüssel zu dem verhängnisvollen Hause aus seinem Schreibpulte, überreichte sie mir und indem ich ihm aufrichtig für sein Entgegenkommen und die liebenswürdige Erfüllung meines Begehrens dankte, eilte ich mit den Schlüsseln triumphierend von dannen. Zu Hause angelangt, beeilte ich mich, brennend vor Ungeduld, meinen treuen Diener von der Sache in Kenntnis zu setzen. Er war ein junger Mensch von feurigem Temperament, furchtlos von Charakter und freier von abergläubischen Vorurteilen wie sonst irgendjemand.

„Frank,", sagte ich zu ihm, „kannst du dich noch besinnen, wie wir in Deutschland einst in einem alten Schlosse übernachteten und erheblich enttäuscht waren, als uns jenes Gespenst nicht erschien, das darin umgehen sollte! Weißt du noch: Jenes Gespenst ohne Kopf? Nun habe ich soeben von einem Hause hier in London gehört, von welchem das Gerücht geht, dass sich dort die Geister weniger zurückhaltend benehmen. Dort möchte ich nun einmal eine Nacht zubringen. Ich kann nach allem, was ich gehört habe, auf keinen Fall daran zweifeln, dass wir dort etwas sehr Merkwürdiges hören oder sehen werden – vielleicht unter Umständen sogar einmal etwas Haarsträubendes. Wenn ich dich nun mit dahin nehme, Frank, kann ich mich da auch mit Sicherheit auf deine Geistesgegenwart verlassen, möge sich dort auch ereignen, was es auch immer sein möge?“

„Aber gewiss Herr, Sie können sich völlig auf mich verlassen,“, antwortete Frank, der vor freudiger Erwartung förmlich strahlte.

„Nun schön. Hier sind die Adresse und der Schlüssel zu jenem Hause. Geh nun voraus, wähle mir nach deinem Belieben ein Schlafzimmer dort aus und da schon seit Wochen jenes Haus unbewohnt ist und keine Seele die Räume betreten hat, so mache ein ordentliches Feuer, lüfte die Betten gehörig und sorge dafür, dass Lichter und Brennstoff in genügender Weise vorhanden sind. Zu deiner Sicherheit kannst du hier meinen Revolver und meinen Dolch mitnehmen – so bist du wohlausgerüstet, und wenn wir nachher nicht selbst einem ganzen Dutzend Gespenstern gewachsen wären, dann wären wir wahrhaftig ein paar traurige Wichte.“

Da ich nun für den Rest des Abends durch Geschäfte dringender Natur sehr in Anspruch genommen war, blieb mir nicht einmal Muße, über das zu erwartende nächtliche Abenteuer, das zu bestehen mir förmlich ein Ehrenpunkt geworden war, groß nachzugrübeln. Ich nahm mein Abendbrot ziemlich spät und allein ein, wobei ich nach meiner alten Gewohnheit während des Essens las. Die Lektüre, die ich gewählt hatte, waren Macaulays Essays. Ich beschloss, das Buch mit in das Haus zu nehmen, denn es war von so kernigem Stil, es enthielt so viel gesunde Lebensweisheit, dass es mir förmlich wie ein praktisches Gegengift gegen die Einflüsse überreizter Phantasie und abergläubischer Einbildungen dienen konnte. Ungefähr ½ 10 Uhr steckte ich das Buch zu mir und schlenderte gemächlich nach dem geheimnisvollen Hause hin. Mein Begleiter war mein Lieblingshund, ein außergewöhnlich schneidiger Bullterrier – ein Hund, der nachts in den unheimlichsten Schlupfwinkeln und Durchgängen auf dem Fang nach Ratten herumzuschleichen pflegte. Jedenfalls ein Hund, wie kein zweiter geschaffen, auch dem schrecklichsten Gespenste Stand zu halten. Es war eine kühle Sommernacht, der Himmel war von leichten Wolkengebilden überzogen, doch war der Mond noch sichtbar, obschon sein Licht nur trübe herabstrahlte. Immerhin war doch Mondenschein und wenn die Wolken sich etwas verzogen haben würden, so konnte vielleicht gegen Mitternacht das Gestirn in seinem vollen Glanze leuchten. Ich erreichte das Haus, klopfte an die Tür und mein Diener öffnete mir mit einem höchst vergnügten Gesichte.

„Herr, es ist alles in bester Ordnung und wirklich ganz gemütlich hier."

„So,", entgegnete ich geradezu enttäuscht, „ist dir denn gar nichts Merkwürdiges begegnet?"

„Allerdings Herr, wenn ich offen sein soll: Etwas Merkwürdiges habe ich schon gehört."

„Nun was denn, sprich doch."

„Ich hörte hinter mir ein Geräusch wie von trappelnden Fußtritten und ein oder zweimal hörte ich ein leises Flüstern ganz nahe an meinem Ohr. – Weiter wüsste ich nichts zu berichten."

„Du hast dich aber dadurch nicht im geringsten ins Bockshorn jagen lassen?"

„I wo, Herr, in keiner Weise!"

Der mutige Ausdruck des jungen Mannes bürgte mir von neuem dafür, dass er mich sicherlich nicht im Stiche lassen würde, geschehe auch, was da wolle. Wir standen im Hausflur, die Haustür war geschlossen, da begann der Hund meine Aufmerksamkeit auf sich zu ziehen. Der Hund war zuerst ganz munter in das Haus hineingelaufen, aber plötzlich kroch er wieder zur Eingangstür zurück, kratzte und winselte und gab durch alles das zu erkennen, dass er durchaus hinausgelassen werden möchte. Ich beugte mich zu ihm nieder, streichelte seinen Kopf, was ihn einigermaßen ermutigt zu haben schien, sodass der Hund sich zu beruhigen anfing. Aber während er mir und Frank jetzt durch das Haus folgte, hielt er sich merkwürdig dicht an meine Fersen, ganz gegen seine sonstige Gewohnheit, munter vorauszuspringen, um schnuppernd das fremde Terrain zu erkunden. Wir untersuchten zuerst die im Untergeschoß gelegenen Zimmer, dann die Küche, das Speisegewölbe und vor allen Dingen den Keller, in welchem sogar noch einige völlig mit Spinnengeweben überzogene Flaschen Wein lagerten, allem Anschein nach seit sieben Jahren von keiner Hand berührt. Das eine schien festzustehen: Alkohol liebten die Geister nicht! Im Übrigen entdeckten wir nichts weiter Bemerkenswertes. Hinter dem Hause erstreckte sich ein düsterer, von hohen Mauern rings umgebener Hinterhof. Seine Steinplatten waren feucht und mit einer Schicht von Staub und Ruß bedeckt, auf welcher unsere Fußtritte natürlich sofort leichte Spuren hinterließen. Jetzt zeigte sich in dieser merkwürdigen Umgebung die erste Außergewöhnlichkeit. Ich sah, wie sich plötzlich vor mir auf dem feuchten Gestein ganz von selbst eine fremde Fußspur bildete. Ich stand still, fasste meinen Diener am Arm und deutete nach jener Stelle hin. Soeben formte sich eine zweite Fußspur. Wie ich rasch auf sie zutrat, entstand wieder vor mir eine kleine Fußstapfe, wie vom Fuße eines Kindes, indes war der Abdruck zu schwach, um die Form genau unterscheiden zu können. Aber jedenfalls schien es uns beiden, als ob das der Abdruck eines nackten Kinderfußes sei. Während wir vorwärtsschritten, sahen wir diese Fußstapfen immer vor uns in fortschreitender Richtung. Die seltsame Erscheinung verschwand, als wir an der gegenüberliegenden Mauer angekommen waren und wiederholte sich auch nicht auf unserem Rückwege zu unserem Ausgangspunkte. Wir stiegen die Treppe wieder hinauf und betraten die Zimmer des Erdgeschosses, das Speisezimmer, ein kleines Wohnzimmer und einen dritten noch kleineren Raum, der vermutlich eine Art Gesindezimmer darstellte.

Überall herrschte ein grabähnliches Schweigen. Dann suchten wir die Salons auf, deren Einrichtung noch neu zu sein schien. Im Vorderzimmer angelangt, setzte ich mich in einen Lehnstuhl, Frank stellte das Licht, mit dem er mir geleuchtet hatte, auf den Tisch. Ich befahl ihm, die Tür zu schließen. Da, als er sich umwandte, meinen Befehl auszuführen, begann mir gegenüber ein an der Wand stehender Stuhl sich schnell und geräuschlos fortzubewegen und blieb einen Meter vor mir entfernt, mir gegenüber stillstehen. Nun, wenn es weiter nichts ist, dachte ich bei mir und lachte dazu, das ist mir immer noch lieber als Tischrücken. Während ich aber lachte, warf mein Hund den Kopf zurück und fing an zu heulen. Meinem Diener Frank war die Wanderschaft des Stuhles entgangen, da er sich gerade weggewandt hatte. Er beschäftigte sich jetzt damit, den Hund zu beruhigen. Ich hatte aber ununterbrochen den Stuhl im Auge behalten und wie es mir schien, glaubte ich die Umrisse einer menschlichen Gestalt zu erkennen, gleichsam wie aus bläulichem Dunst gewoben. Aber die Linien und Umrisse waren so unklar, dass ich meinem eigenen Wahrnehmungsvermögen zu misstrauen anfing. Auch der Hund hatte sich inzwischen wieder beschwichtigen lassen.
„Stelle diesen Stuhl hier mir gegenüber an die Wand zurück.“, sagte ich zu Frank. Er tat nach meinem Befehl.
„Waren Sie das, Herr?“, fragte er, während er meinen Befehl ausführte, und wandte sich kurz dabei um.
„Was meinst du?“
„Ich bekam eben einen Schlag. Gerade hier an der Schulter, ziemlich schmerzhaft.“
„Nein,“, sagte ich, „ich habe dir nichts getan.“
Aber wir haben es hier offenbar mit Gauklern zu tun und wenn wir auch nicht gleich ihren Kunststückchen auf die Spur kommen, so werden wir sie doch erwischen, ehe sie uns in Furcht versetzt haben.“
Wir hielten uns nun nicht weiter in den Zimmern auf, sie waren auch so feucht und kühl, dass es mir lieb war, hinauf in mein wohldurchwärmtes Zimmer zu kommen. Wir verschlossen die Türen der Wohnzimmer, eine Vorsichtsmaßregel, welche wir übrigens

durchgängig beobachtet hatten, auch beim Durchsuchen der übrigen Räume im Hause. Das von meinem Diener für mich gewählte Schlafzimmer war das Beste im ganzen ersten Stockwerk. Höchst geräumig, hatte es nach der Straße zu zwei Fenster. Das altertümliche Bettgestell, das dem Kamin gegenüberstand, in welchem ein lustiges Feuer brannte, nahm einen nicht unbeträchtlichen Raum ein. Zwischen Fenster und Bett befand sich eine Tür, die in die Nebenstube führte, in der sich mein Diener häuslich eingerichtet hatte. Es war dies nur ein sehr kleines Gemach, in welchem nichts stand als ein Schlafsofa; es hatte auch sonst keine Tür oder irgendeinen Ausgang nach dem Treppenhause. Kurzum, von diesem Zimmer führte nur ein Ausgang zu meinem Zimmer. Zu beiden Seiten meines Kamins waren Wandschränke ohne Schlösser angebracht, die mit derselben einförmigen dunklen Tapete überklebt waren wie die Zimmerwand. Wir unterzogen die Schränke einer genauen Untersuchung. Es war nichts weiter drin als einige Haken zum Aufhängen weiblicher Kleidungsstücke; wir erforschten die Dichtigkeit der Wände, nirgends fanden wir etwas Auffallendes, die Mauern schienen offenbar durchaus massiv zu sein, jedenfalls bemerkten wir keinerlei Hohlräume. Nachdem wir so alles durchforscht hatten, stellte ich mich einen Augenblick zur Erwärmung an den Kamin, zündete eine Zigarre an und ging dann in Gemeinschaft mit Frank daran, das Haus weiter zu durchforschen. Auf dem Treppenvorplatz vor unseren Gemächern war eine zweite, festverschlossene Tür.

„Merkwürdig, Herr!“, sagte mein Diener in offenbarer Bestürzung. „Als ich herkam, schloss ich diese Türe so gut wie alle übrigen auf! Von innen verriegelt kann sie doch unmöglich sein, denn es ist – “

Ehe er den begonnenen Satz zu Ende gebracht hatte, ging plötzlich diese Tür langsam und ruhig von selbst auf, ohne dass einer von uns sie irgendwie berührt hätte. Wir sahen uns gegenseitig einen Augenblick voll tiefsten Erstaunens an. Wir waren beide von ein und demselben Gedanken beseelt. Hier musste irgendwie eine menschliche Einwirkung zu entdecken sein. Ich schritt zuerst in das

Zimmer hinein, mein Diener folgte mir. Wir sahen uns in einem kleinen öden, düsteren Zimmer ohne jede Ausstattung, nur einige leere Koffer und Körbe lagen in einer Ecke herum. Die Läden des einzigen schmalen Fensters waren geschlossen. Es fand sich nicht einmal ein Kamin vor, auch erblickten wir keine andere Türe als diejenige, durch die wir eingetreten waren. Obschon der Fußboden sehr alt, abgetreten, wurmstichig und uneben war, bedeckte ihn keinerlei Teppich, sodass die helleren ausgebesserten Flecke der Diele deutlich hervortraten. Kein lebendiges Wesen war zu erblicken, allerdings hätte man auch nicht gewusst, wo etwa sich eines hätte verbergen können. Da, während wir noch so dastanden und unsere Augen herumgehen ließen, schloss sich plötzlich die Tür wieder von selbst, genau so ruhig und langsam, wie sie sich kurz zuvor vor uns aufgetan hatte. Wir sahen uns gefangen. Da wollte mich zum ersten Male denn doch ein unaussprechliches Schaudern überschleichen. Nicht so dagegen meinen Diener.

„Ich glaube gar, Herr, die denken, uns zu fangen – aber keine Sorge, ein Stoß meines Fußes und diese morsche Tür fliegt sofort wieder auf.“

„Zuerst versuche einmal, ob du sie nicht durch einen Handdruck öffnen kannst,“, sagte ich und suchte, die Furcht von mir zu schütteln, die mich doch nun überschleichen wollte.

„Ich werde inzwischen die Fensterläden aufmachen, um mich zu überzeugen, wie es draußen aussieht.“

So schob ich denn den Riegel zurück. Das Fenster ging auf den kleinen Hof hinaus, den ich oben beschrieben habe. An dem Mauerwerk konnte ich keinen Vorsprung entdecken, senkrecht ging die Wand hinab. Somit hätte niemand, um durch dieses Fenster hereinzukommen oder zu entfliehen, irgendwo an der Hauswand festen Fuß fassen können; er wäre ohne weiteres glatt auf den Hof hinuntergestürzt. Inzwischen hatte Frank die ganze Zeit über sich vergeblich bemüht, die Tür aufzumachen. Schließlich kehrte er sich nach mir um und bat um meine Erlaubnis, mit Gewalt die Tür öffnen zu dürfen. Um dem jungen Menschen sein Recht widerfahren zu lassen, sei hier nochmals festgestellt, dass er wirklich in bemerkenswerter Weise völlig frei von irgendwelcher Furchtsamkeit war. Ich muss gestehen, seine Kaltblütigkeit, seine Gemütsruhe, ja man darf sagen Heiterkeit, zwangen mir Bewunderung ab, zumal die Verhältnisse doch wirklich außergewöhnlich lagen und jeden anderen in Schrecken versetzt haben würden. Ich durfte mir wirklich Glück wünschen, einen so tapferen Burschen als Gefährten bei diesem ganz seltsamen Abenteuer zu haben und so gab ich ihm denn auch gerne die erbetene Erlaubnis. Aber siehe da: Obschon Frank mit außergewöhnlich starken Kräften begabt war, schien er doch völlig außer Stande, sein Vorhaben auszuführen – die Tür rührte sich nicht trotz der stärksten Stöße. Atemlos und nun doch beinahe ein wenig zitternd, sei es vor Kraftanstrengung, sei es doch von einem Anfluge von Furcht, ließ er von seinen Bemühungen ab. Jetzt versuchte ich mich daran, die Türe aufzusprengen – gleichfalls völlig vergeblich. Als ich mit meinen Versuchen aufhörte, überfiel mich wieder jenes namenlose Angstgefühl von vorhin, diesmal freilich viel stärker, hartnäckiger, ja nahezu unbezwinglich. Mich überschlich ein Gefühl, als stiege aus den Ritzen dieser abgetretenen Diele etwas Geisterhaftes, Schreckliches empor und füllte die Atmosphäre mit einem giftigen Dunste, jedem Leben feind. Da öffnete sich die Tür wiederum langsam und geräuschlos, ganz wie von selbst wie vorher. Rasch eilten wir auf den Treppenabsatz hinaus. Da sahen wir beide ein großes bleiches Licht vor uns her schweben, von der Größe einer menschlichen Gestalt, doch form- und wesenlos. Die Erscheinung bewegte sich die Treppe hinauf, die zum Dachboden führte. Ich folgte ihr und mein Diener hielt sich dicht hinter mich. Die Erscheinung drang in eine kleine Dachkammer ein, die zur Rechten des Treppenabsatzes gelegen war und deren Tür offen stand. Sofort kam auch ich hinterher. Da – seltsam – das große Licht schrumpfte zu einer kleinen Kugel zusammen, die strahlend und lebhaft leuchtend einen Augenblick lang über einem Bette in der Ecke des Gemaches schwebte, ein wenig aufflackerte und dann dahinschwand. Wir näherten uns dem Bett und unterzogen es einer genauen

Untersuchung. Es war ein einfaches, eisernes Gestell, wie man es oft auf Böden, die für die Dienstboten zum Schlafen bestimmt sind, findet. Neben dem Bett stand eine Kommode. Auf ihr lag ein altes verblichenes seidenes Halstuch, es steckte sogar noch eine Nadel darin.

Dicker Staub bedeckte das Tuch, wahrscheinlich war es das Eigentum der alten, letzthin verstorbenen, Haushüterin gewesen; vielleicht war dieser Raum sogar ihr Schlafzimmer gewesen. Die Neugierde trieb mich, die Fächer der Kommode aufzuziehen. Es kamen keine besonderen Überraschungen zutage, nur allerlei Überreste weiblicher Kleidungsstücke und zwei mit einem gelben Bande zusammengebundene Briefe. Ich zögerte nicht, dieselben an mich zu nehmen. Sonst fanden wir nichts Bemerkenswertes weiter in der Dachkammer vor, auch die Lichterscheinung zeigte sich nicht wieder, wohl aber hörten wir deutlich so etwas wie leise trippelnde Schritte dicht vor uns. Wir suchten nun auch die vier bis fünf weiteren Bodengelasse ab – die geheimnisvollen Fußtritte liefen uns stets voraus. Nichts war zu sehen – durchaus nichts. Aber desto deutlicher drang das Geräusch dieser vor uns hergehenden Schritte an unser Ohr. Während des ganzen Suchens hielt ich jene beiden Briefe fest in der Hand. Da, als ich eben die Treppe hinabstieg, fühlte ich auf einmal deutlich, wie meine Handgelenke umklammert wurden, gleichsam als werde versucht, mir die Briefe zu entwenden. Ich schloss meine Hand fester um meinen Raub und siehe, der Druck am Gelenk ließ nach. So erreichten wir wieder mein Schlafzimmer.

Da erst fiel es mir auf, dass ja mein Hund mir gar nicht gefolgt war, und noch eigentümlicher berührte es mich, zu sehen, wie er sich zitternd dicht an den Kamin hindrängte. Vor Ungeduld faltete ich die Briefe auseinander und während ich sie aufmerksam durchlas, nahm mein Diener die Waffen, die er nach meinem Befehle mitgenommen hatte, aus ihren Futteralen und legte sie auf einen Tisch, am Kopfende meines Bettes. Dann bemühte er sich, den Hund zu beschwichtigen, der so seltsam aufgeregt schien. Aber das Tier gab auf seine Liebkosungen nicht acht, die geheimnisvolle Unruhe wollte

nicht von ihm weichen.
Die Briefe waren nur kurz. Sie waren datiert und die Daten waren jetzt gerade genau 35 Jahre alt. Offenbar waren sie von einem Liebhaber an seine Erwählte oder von einem Gatten an seine junge Frau gerichtet. Durch bestimmte Ausdrücke, sowie einige Anspielungen auf eine frühere Seereise durfte man auf einen Seemann als den Absender dieser Briefe schließen. Mit der Rechtschreibung und der Handschrift war es nicht weit her, beides verriet nur eine mittelmäßige Bildung. Dennoch lag im sprachlichen Ausdruck etwas wie zwingende Gewalt. Durch alle zärtlichen Ausdrücke hindurch klang eine Art von wilder Leidenschaft und an manchen Stellen des Briefes fanden sich dunkle unverständliche Andeutungen auf ein Geheimnis, freilich kein Geheimnis zarter Liebe, sondern – eines Verbrechens.
„Wir müssen zueinander halten,“, so lautete z. B. eine der Stellen, deren ich mich noch deutlich erinnere, „denn wir würden beide von Jedermann verabscheut, käme alles ans Licht.“ Eine andere Stelle lautete: „Hüte Dich ja, mit Jemand in einem Zimmer zu schlafen, denn Du sprichst im Schlafe.“ Weiter hieß es: „Das Geschehene ist nicht mehr zu ändern und ich sage Dir, wir haben keine Zeugen zu befürchten, es sei denn, die Toten kehrten zum Leben zurück.“ An dieser Stelle hatte eine weibliche Handschrift hinzugefügt und diese Worte unterstrichen: „sie stehen wieder auf.“ Am Schlusse des Briefes, der das neuere Datum trug, hatte schließlich dieselbe weibliche Hand die Worte hinzugefügt: „Gestorben auf dem Meere am 4. Juni, an demselben Tage als.“
In Gedanken über das Gelesene verloren, ließ ich die Hand sinken. Doch fürchtete ich, mich allzu sehr in Träumereien zu versenken, meine Nerven aufzuregen und somit nicht mehr mit voller Klarheit die Dinge um mich her beobachten zu können. Ich war aber im Gegenteil entschlossen, meinen Geist in der vollsten Aufnahmefähigkeit, meine Nerven in sich gleich bleibender Spannkraft zu erhalten, um gegen alles Wunderbare gewappnet zu sein, was die hereinbrechende Nacht mir vielleicht bescheren würde. Denn

inzwischen war immer mehr die Nacht vorgerückt. Ich raffte mich auf, legte die Briefe auf den Tisch, schürte erst noch einmal das Feuer an, das munter aufknisterte und machte mich dann an meinen Band Macaulay. Bis ungefähr ½ 12 Uhr las ich darin mit leidlicher Gemütsruhe, dann warf ich mich in den Kleidern aufs Bett, hieß meinen Diener sich in sein Zimmer zurückzuziehen, aber gebot ihm, sich wach zu erhalten und die Verbindungstüre unserer beiden Zimmer nicht zu schließen. Auf dem kleinen Nachttisch zu Häupten meines Bettes ließ ich zwei Lichter ruhig fortbrennen, meine Uhr legte ich neben die Waffen und war bald wieder soweit gesammelt, um in meinem Macaulay fortzufahren. Das Feuer flackerte munter mir gegenüber und auf dem Teppich vor dem Kamin hatte sich der Hund, der augenscheinlich nun doch eingeschlafen war, dahingestreckt. Es mochten ungefähr zwanzig Minuten vergangen sein, als ich eine eisigkalte Luft an meiner Wange vorüberstreifen fühlte. Zuerst dachte ich die Tür zu meiner Rechten, die nach dem Treppenvorplatz hinausging, wäre aufgegangen. Doch nein – sie war geschlossen wie vorher. Ich wendete nun meinen Blick nach der linken Seite und sah, wie die Flamme meiner Kerze heftig hin und her flackerte, wie wenn sie durch einen Wind bewegt würde. In demselben Augenblicke glitt die Taschenuhr, die auf dem Nachttischchen neben meinem Revolver lag, ganz sacht vom Tisch, leise und ruhig, wie von unsichtbarer Hand fortgezogen – schon war sie verschwunden. Ich sprang vom Bette empor, ergriff mit einer Hand den Revolver, mit der anderen den Dolch, denn ich verspürte keine Lust, dass meine Waffen den gleichen Weg wie meine Uhr nehmen sollten. So bewaffnet, spähte ich in dem Zimmer, auf dem Fußboden überall herum, aber nirgend war eine Spur von meiner, so geheimnisvoll fortgezogenen Uhr, zu erblicken. Jetzt auf einmal hörte ich am Kopfende meines Bettes drei abgemessene, bestimmte Schläge.
„Haben Sie geklopft, mein Herr?“, rief mein Diener.
„Nein, doch pass auf und sei auf deiner Hut.“
Jetzt war der Hund auch erwacht, setzte sich aufrecht auf die

Hinterbeine, spitzte die Ohren und bewegte sie, wie von einer bestimmten Erregung erfasst hin und her. Er sah mich dabei mit einem so sonderbar beredsamen Blick an, dass ich meine volle Aufmerksamkeit auf das Verhalten des Tieres richtete. Plötzlich erhob sich der Hund langsam, jedes Haar an ihm sträubte sich empor, er stand ganz starr und wie festgebannt da und hatte im Auge einen seltsam wilden Blick. Doch blieb mir keine Zeit, den Hund länger zu beobachten. Mein Diener stürzte plötzlich aus seinem Zimmer heraus. Wenn je in einem menschlichen Angesicht sich alle Zeichen des Entsetzens widergespiegelt hatten, so war es in dem Seinigen. Ich hätte wahrhaftig meinen eigenen Diener nicht erkannt, wenn er mir mit diesem Ausdruck im Gesichte auf der Straße begegnet wäre, so verzerrt waren seine Züge. Er stürzte an mir vorbei und flüsterte in einem Ton, der kaum von seinen Lippen zu kommen schien: „Eilen Sie, fliehen Sie, so rasch Sie können – es ist hinter mir!"

Er erreichte die Tür zum Vorplatz, schloss sie auf und raste hinaus. Ich eilte ihm unwillkürlich nach, bemühte mich, ihn zurückzurufen, aber ohne dass er im Geringsten auf mich achtete, sprang er die Treppe eilends hinab, wobei er sich krampfhaft am Geländer festhielt, in solcher Eile, dass er oft mehrere Stufen auf einmal nahm. Schon hörte ich, wie er die Haustür öffnete, wie sie wieder zugeworfen wurde – ich war allein im Geisterhause. Ich muss gestehen: Ich schwankte einen Augenblick, ob ich meinem Diener folgen sollte oder nicht. Aber Stolz und auch Neugier hielten mich von dem feigen Verlassen des Schauplatzes der so geheimnisvollen Vorgänge ab. Ich ging wieder in mein Zimmer zurück, schloss die Tür hinter mir und trat mit gebührender Vorsicht in das kleine Nebenzimmer meines Dieners. Aber nichts fand ich darin, woraus ich mir sein Entsetzen hätte erklären können. Nochmals prüfte ich sorgfältig die Wände ab, tastete allenthalben herum, ob nicht doch vielleicht irgendwo eine geheimnisvolle Türe verborgen wäre, doch nirgends war die Spur einer solchen zu finden, nicht das kleinste Risschen oder sonst ein Merkmal ließ sich an der dunkelbraunen Tapete erkennen. Was es auch immer gewesen sein mochte, was meinen Diener so sehr erschreckt hatte, – die eine Überzeugung drängte sich mir auf, dass es nur durch mein Zimmer zu ihm Zutritt erlangt haben musste. Ich kehrte in meinen eigenen Schlafraum zurück, schloss und verriegelte die Tür zum Nachbarkabinett und stellte mich erwartungsvoll an den Kamin, mutig der Dinge harrend, die da kommen sollten. Jetzt bemerkte ich, dass mein Hund in eine Ecke des Zimmers gekrochen war und sich derartig gegen eine bestimmte Stelle der Wand andrückte, als wolle er buchstäblich hier mit dem Kopfe durch die Wand gehen. Ich näherte mich dem armen geängstigten Tiere und sprach ihm beruhigend zu; das arme Geschöpf war augenscheinlich ganz außer sich vor Furcht. Es fletschte die Zähne, von seinem Kiefer tropfte der Geifer der Angst und Wut herab und sicherlich würde mich mein eigener Hund in diesem Augenblicke gebissen haben, wenn ich es gewagt hätte, ihn zu berühren. Nicht einmal mehr mich zu kennen schien er. Man kann sich am besten eine Vorstellung machen von der besinnungslosen Angst, die den Hund angefallen hätte, wenn man sich ein Kaninchen vorstellt, das in einem zoologischen Garten, in den Käfig einer Schlange gesteckt, dort durch den Blick des Reptils in eine Ecke gebannt, seine Todesstunde erwartet. Alle meine Bemühungen, meinen Hund zu beruhigen, scheiterten; ja ich musste fürchten, dass sein Biss wie beim tollwütigen Hunde giftig sein könnte und scheute deshalb doppelt, ihn zum Beißen zu reizen. So überließ ich denn den Hund sich selbst, legte meine Waffen auf den Tisch neben dem Kamin nieder, setzte mich hin und versuchte wieder, mich in meinen Macaulay zu vertiefen.

Dem Leser könnte es scheinen, dass ich mit meinem Mute prahlen möchte, der mir nicht eigen gewesen wäre oder dass ich die Kaltblütigkeit größer hinstelle, als ich sie wirklich an jenem Abend bewiesen habe. Daher sei es erlaubt, an dieser Stelle einige Bemerkungen einfließen zu lassen, die auf solche geheimnisvollen Vorgänge Bezug haben. Meiner Meinung nach bedingt Geistesgegenwart oder das, was man sonst für gewöhnlich Mut, Entschlossenheit, Kaltblütigkeit oder wie immer nennt, vor allem ein möglichst genaues Vertrautsein mit den Dingen, denen man sich entschlossen gegenüber zu stellen gedenkt. Hier handelt es sich um Erfahrungen und Erscheinungen, die dem Reiche des Geheimnisvollen angehören und ich muss sagen, ich war mit diesen Dingen in meinem Leben schon reichlich vertraut worden.

In verschiedenen Weltteilen, unter verschiedenen Himmelsstrichen war ich Augenzeuge von so vielerlei höchst seltsamen Begebnissen gewesen, von Erscheinungen, die, wenn ich sie hier alle aufzählen wollte, entweder allgemeinem Zweifel begegnen oder auf unnatürliche Ursachen zurückgeführt werden würden. Meiner Ansicht nach gibt es aber so etwas Übernatürliches in Wirklichkeit gar nicht. Es hängt das nur mit der Unzulänglichkeit unserer Erfahrungen zusammen und wir pflegen Übernatürliches das zu nennen, was wir uns bisher nur noch nicht genügend haben erklären können. Gemäß dieser Anschauung würde ich, wenn vor meinen Augen auf einmal ein Geist erschiene, nicht das Recht haben zu sagen: Das Übernatürliche ist hier verwirklicht, sondern vielmehr: Entgegen den bisherigen Ansichten, muss man es als innerhalb der Naturgesetze betrachten, wenn ein Geist sich sichtbar macht, mit anderen Worten: Etwas Übernatürliches ist nicht eingetreten, sondern etwas Natürliches. Überall, wobei ich bisher als Zeuge anwesend war oder bei allen Seltsamkeiten, welche die Propheten des Übernatürlichen in unserem Zeitalter als wirkliche Vorgänge hinstellen, wird eine tatsächliche lebendige Mittelsperson erfordert. Immer noch finden sich Leute – sozusagen Wundermänner – welche behaupten, Geister beschwören zu können. Wenn wir einmal annehmen, dass diese Behauptung wahr sei, so hätten wir in der Person dieser Leute jene, wie oben bemerkt, verlangte Persönlichkeiten von Mittlern, durch deren Tun sich gewisse seltsame Phänomene für unsere Sinne verdeutlichen. Dabei haben natürlich eine Reihe gesetzmäßiger Einzelheiten mitzuwirken, um diese Erscheinungen hervorzurufen.

Wir wollen einmal annehmen, dass die vielen Erzählungen von Geistermanifestationen in Amerika auf wirklicher Grundlage beruhen, so z. B. das Erschallen musikalischer oder anderer Töne, das Schreiben auf Papier von einer unsichtbaren Hand, das Bewegen von Möbeln und anderen Gegenständen ohne sichtbare menschliche Beihilfe, das tatsächliche Erscheinen oder die Berührung von Händen, die sich an keinen lebendigen sichtbaren Körper anzusetzen scheinen usw.. Alle diese bis jetzt als unerklärlich bezeichneten Erscheinungen bedürfen eines Mediums, d. h. eines lebendigen Wesens, das durch bestimmte, in ihren Eigenheiten nur noch nicht genügend erforschte Voraussetzungen, befähigt ist, dergleichen Manifestationen hervorzubringen oder vielmehr zu vermitteln. So sind denn bei allen sogenannten Wundern, vorausgesetzt, dass wirklich kein Betrug oder auch nur eine unabsichtliche Täuschung im Spiele ist, stets menschliche Wesen gleich uns selbst in Tätigkeit, von welchen oder durch welche die eben beschriebenen Erscheinungen und Wirkungen ausgehen. Das Gleiche findet mit den heutzutage allgemein bekannten und anerkannten Erscheinungen des Mesmerismus statt; auch bei diesem Phänomen sehen wir den Willen der behandelten Person durch eine wirkliche lebendige Kraft beeinflusst. Es hat jedenfalls als Wahrheit zu gelten, dass eine mesmerisierte, oder wie wir heute sagen würden, eine hypnotisierte Person durchaus gezwungen ist, dem Wunsche oder den Befehlen des Hypnotiseurs oder Magnetiseurs zu folgen, der auf sie seinen Einfluss ausübt. Selbst wenn dies nicht bei unmittelbarer Anwesenheit, sondern auf weite Entfernungen hin geschieht, so haben wir uns immer eine Art tatsächliche, materielle Einwirkung vorzustellen, bei welcher irgend eine wesenhafte Erscheinung – mögen wir dieselbe nun Elektrizität, Odismus, Magnetismus, Hypnotismus, Suggestion oder wie sonst immer nennen, die Kraft hat, selbst weite Räume zu durchdringen, die Wirkung der Zeit aufzuheben und alle Hindernisse zu überwinden, die sich im alltäglichen Leben einer Wirkung von einem Punkt zum andern entgegenzustellen pflegen. Was ich nun in diesem Gespensterhause bisher erfahren hatte und noch weiterhin in Erfahrung bringen würde – m das alles schuf in mir die feste Überzeugung, dass auch bei

diesen Erscheinungen eine Kraft oder ein Medium in Wirksamkeit trete, das wahrscheinlich gerade so vergänglich, wie ich selbst sein würde. Diese Überzeugung brachte mich von jedem Furchtgefühle ab, was man sonst ganz natürlicher Weise hätte haben können, wenn man in den außerordentlichen Begebenheiten dieser seltsamen Nacht übernatürliche Dinge zu erblicken meinte, Dinge, die sich in dem gewöhnlichen Lauf des naturgesetzlichen Geschehens sonst nicht einfügten. So war es mir zur vollen Überzeugung geworden, dass alles, was ich hier mit meinen eigenen Sinnen wahrgenommen hatte und noch wahrnehmen würde, auf ein menschliches Wesen zurückzuführen sei, das eben mit der Kraft begabt war, sich in dieser Weise zu manifestieren, und dass zugleich dazu von freilich jetzt noch mir unbekannten Beweggründen geleitet werde. So sehr hatte diese Überzeugung, die wahrlich mehr philosophisch als abergläubisch genannt werden durfte, sich in mir gefestigt, dass ich durchaus der Wahrheit gemäß behaupten darf, hier in einer so ruhigen Stimmung für exakte Beobachtungen gewesen zu sein, wie nur irgendein naturwissenschaftlicher Forscher, der z. B. die Zusammensetzung einer seltenen chemischen Verbindung experimentell zu erforschen sucht. Indem ich so in meinem Gehirn alle überflüssigen Einbildungen und Phantasien ausschaltete, hielt ich meinen Verstand frei für eine tatsächlich objektive Beobachtung und aus dieser ruhigen Stimmung heraus konnte ich meinen Geist an der Lektüre des klaren, verständigen Macaulay ergötzen.
Während ich also ruhig in dem Buche las, merkte ich auf einmal, dass auf das Blatt ein Schatten fiel, gleichsam, als wenn sich zwischen das Licht und das Buch etwas stellte. Ich nahm nun auch in der Tat etwas wahr, was zu beschreiben mir nur äußerst schwer, ja vielleicht überhaupt nicht gelingen wird. Ich sah ein dunkles Etwas vor mir, das sich wie aus der Luft heraus von selbst bildete und sehr unbestimmte Umrisse zeigte. Es wäre zu viel gesagt, wenn man es mit einer männlichen Gestalt verglichen hätte, gleichwohl hatte es eine große Ähnlichkeit mit einer solchen, oder vielleicht noch besser mit dem Schatten einer menschlichen Erscheinung. Je länger ich

diese Erscheinung anblickte, desto mehr lösten sich Licht und Schatten von einander, desto größer schien das Ganze zu werden, bis das oberste Ende der nebelhaften Erscheinung fast die Decke berührte. Während ich unablässig darauf hinstarrte, empfand ich einen Hauch durchdringender Kälte. Diese hätte sich nicht stärker zeigen können, wenn direkt vor mir ein Eisberg aufgetaucht wäre, ja ich bezweifle, ob selbst ein solcher eine derart intensive Kälte hätte ausstrahlen können. Diese Kälte war auch wirklich physischer Natur und nicht etwa bloß der Ausdruck einer entsetzensvollen Furcht, von der ich mich übrigens frei fühlte. Während ich ohne Schwanken fortfuhr, das ungeheure Phänomen fest im Auge zu behalten, glaubte ich schließlich – doch mit voller Bestimmtheit möchte ich das nicht behaupten – zwei Augen deutlich zu unterscheiden, die von der Höhe der nebelhaften Gestalt herab auf mich niedersahen. Es war seltsam, in diesem Augenblick glaubte ich die Augen ganz deutlich zu erkennen, in jenem waren sie schon wieder verschwunden. Dann aber schienen zwei Strahlen bläulichen Lichtes durch den Nebel heraufzudringen und zwar von jener Stelle aus, an welcher ich eben vorher noch Augen wahrzunehmen geglaubt hatte.

Ich versuchte zu sprechen, doch meine Stimme versagte völlig. Da überschlich mich doch der Gedanke: Ist dies Furcht? Nein, ich kannte wirklich keine Furcht. Es war etwas anderes. Ich wollte aufstehen – doch vergebens. Wie von einer unsichtbaren Gewalt wurde ich niedergehalten. Es war ganz so, als herrschte ein fremder Wille über den meinen, gegen den sich aufzulehnen, ganz unmöglich sei. Immer stärker fühlte ich das Bewusstsein äußerster Hilflosigkeit, die Empfindung, gegen eine unendlich überlegene Kraft zu kämpfen, eine Kraft ungefähr derart, wie sie sich bei einem Seesturm oder einer Feuersbrunst entwickelt und ebenfalls von Menschenwillen nicht zu besiegen ist. Jedenfalls stand meinem Willen ein mächtigerer entgegen, dessen Überlegenheit ich mehr und mehr zu empfinden anfing. Und nun, da diese unsichtbare Gewalt immer mehr über mich Macht gewann, befiel mich ein Entsetzen, das jeder Beschreibung spottete. Mein Mut war dahingeschwunden, nur mein Stolz war es, der mich einigermaßen noch aufrecht erhielt. Ich sagte mir selbst: „Das ist Entsetzen, aber nicht Gedankenfurcht!“

Solange ich diese Letztere nicht aufkommen lasse, solange wird mich nichts anfechten! Meine Vernunft hält das, was mich umgibt, für ein Gebilde der Phantasie! Nein, alles ist bloß Täuschung! Ich bin nicht furchtsam, so sprach ich zu mir selber und unterm Einfluss dieser Selbstermutigung gelang es mir schließlich, nach einer heftigen Überwindung meiner Willensschwäche, meine Hand nach den Waffen auszustrecken, die auf dem Tische lagen. Aber wie ich eben dieses tat, ging ein seltsamer Ruck durch meinen Arm, durch meine Schulter und kraftlos sank meine Hand nieder; gleichsam, um das Maß des Grauenvollen überfließen zu lassen, nahm der Glanz der Lichter mehr und mehr ab. Nicht dass sie etwa sofort auslöschten, aber die Flamme der Kerze schien nach und nach von selbst immer kleiner zu werden. Genau so geschah es mit dem Feuer im Kamin – die Flammen schienen sich in die Kohlen hinein zu verkriechen, die Glut langsam ins Erlöschen zu geraten und wenige Minuten erst waren vergangen, als schon das Zimmer im tiefsten Dunkel lag. Das Grauen, das mich bei dem Gedanken erfasste, jetzt mit diesem geheimnisvollen Wesen in der Dunkelheit allein zu sein, mit einem Wesen, dessen Macht sich mir immer eindringlicher und bestimmter aufdrängte, der Gedanke bewirkte eine förmliche Revolution meiner schon fast völlig erschlafften Nerven. Denn der Schrecken hatte nun eine solche Höhe erreicht, dass entweder mein Bewusstsein mich bald völlig zu verlassen drohte, oder dass ich die Kraft finden musste, die Verzauberung, die mich umgab, gewaltsam zu durchbrechen. Mein Wille siegte, ich brach den Zauber. Ich fand die Stimme wieder, obgleich zunächst sie sich nur in einem gellenden Schrei äußerte. Ich erinnere mich, dass ich Worte herausstieß, wie: „Nein, ich fürchte mich nicht, ich bin ohne Schuld und unerschrocken!“

Zu gleicher Zeit fühlte ich auch in mir die Kraft, mich von meinem Lager zu erheben. Immerhin noch von tiefem Dunkel umgeben, raffte ich mich auf, stürzte zum Fenster hin, riss den Vorhang zurück

und stieß die Läden auf. Licht, das war mein erster Gedanke! Und wie ich nun draußen den Mond so ruhig, hoch und klar, im Dunkel dahinschweben sah, empfand ich eine Freude, die mich wahrlich für alle Schrecknisse der Nacht entschädigte. Ja, dort oben schien friedlich der Mond, da unten in der öden, menschenleeren Gasse erglänzte das Licht der Gaslampen, nichts deutete auf Wunderbares und Schreckliches. Ich wandte mich nach dem Zimmer zurück. Es lag noch im Dunkeln, aber das Mondlicht durchflutete doch die Düsterkeit zum Teil mit seinem zarten Strahle – es war doch etwas Licht im Zimmer. Das – dunkle Etwas, für das ich einen Namen zu finden außerstande war, war verschwunden und nur an der gegenüberliegenden Wand nahm mein Auge einen leichten Schatten wahr, als wäre das der Schatten der geheimnisvollen Erscheinung, die eben noch das Zimmer, wenn ich so sagen darf – belebt hatte.
Jetzt fiel mein Auge auf den alten, runden Mahagonitisch, der ohne Decke im Zimmer stand. Ein neues Entsetzen! Unter der Tischplatte hervor streckte sich eine Hand, nur bis zum Gelenke sichtbar, eine Hand, wie es schien von Fleisch und Blut so gut wie meine eigene, aber es war die Hand einer älteren Person, sie war dürr, rundlich und klein dabei, eine Frauenhand! Und diese Hand erfasste sanft die beiden Briefe, die auf dem Tische liegen geblieben waren – und schon waren Hand und Brief mitsammen verschwunden. Nun folgten erneut jene drei lauten, abgemessenen Klopflaute gegen die Bettwand zu meinem Haupte, jene geheimnisvollen Laute, die ich bereits vor Beginn des seltsamen Ereignisses an gleicher Stelle schon vernommen hatte. Als diese Töne nach und nach aufhörten, schien es mir, als erbebe das ganze Zimmer von einer unbekannten Gewalt; dabei tauchten von Nah und Fern, vom Fußboden empor Funken und Kügelchen auf, gleichsam wie in sich selbst leuchtende kleine Wasserblasen, die in allerlei Farben, grün, gelb, feuerrot und himmelblau erglänzten. Irrlichtern gleich bewegten sich diese Lichtkugeln und Funken hinauf und herunter, herüber und hinüber, hierhin und dorthin, langsam und schnell, ohne jeden Rhythmus, wie es schien, ganz nach ihrer Laune. Und genau so, wie vorhin unten im

Wohnzimmer sich das merkwürdige Fortbewegen eines Stuhles gezeigt hatte, so auch rückte auf einmal hier in diesem Zimmer langsam von der Wand weg ein Stuhl, ohne dass man eine Kraft wahrgenommen hätte, die ihn geleitet hätte. Der Stuhl blieb vor mir stehen. Plötzlich, wie von dem Stuhle empor, wuchs ein Schatten, eine Gestalt – die Gestalt einer Frau. Sie wurde mir so deutlich sichtbar, wie wenn sie ein lebendes Wesen gewesen wäre, und doch war ihr Antlitz bleich wie das einer Toten. Dabei war ihr jugendliches Gesicht von sonderbarer melancholischer Schönheit. Hals und Schultern waren entblößt und das Übrige der Erscheinung von einem weiten, wallenden, weißen Gewande umgeben. Die Erscheinung begann ihr langes, blondes Haar zu glätten, das ihr über die Schultern niederfiel. Unverwandt hielt sie den Blick, nicht auf mich, sondern auf die Tür geheftet, sie schien zu lauschen, zu spähen, zu warten. Zu gleicher Zeit begann im Hintergrunde des Zimmers der immer noch sichtbare Schatten jener früheren Schattengestalt sich zu verdichten und abermals schien es mir, als funkelten Augen aus der Höhe hernieder, Augen, die sich fest auf diese weibliche Erscheinung hefteten. Aus der Tür, obschon sie sich nicht öffnete, wuchs eine neue Gestalt hervor, mit gleicher Deutlichkeit zu sehen. Die Gestalt eines jungen Mannes, aber ebenfalls von totenhafter Blässe. Er war in der Tracht des 18. Jahrhunderts oder wenigstens in einer jener ganz ähnlichen Gewandung. Es war mir zweifellos, sowohl die männliche wie auch die weibliche Gestalt, obschon dem Auge so deutlich sichtbar, waren nicht etwa wirklich handgreifliche Körper, nein, es waren Erscheinungen, maßlos, ungreifbar, kurzum Gespenster und es lag bei alledem etwas höchst Groteskes und zugleich Furchtbares in dem Gegensatz, der sich durch beide ausdrückte, der dem Ganzen anhaftete. Denn auf der einen Seite nahm ich deutlich die alten Kostüme wahr, die mit ihren Spitzen, Krausen und Schnallen geschmackvoll und genau zugleich ausgeführt waren und anderseits sah ich, wie die im Zimmer schwebenden Träger dieser so irdischen Kostüme von geisterhafter Schweigsamkeit und leichenhaftem Aussehen waren. In dem

Augenblick nun, als es schien, dass die weibliche Gestalt sich der männlichen zuneigte, löste sich jener dunkle Schatten von der Wand und alle drei Erscheinungen waren für einen Augenblick in Finsternis gehüllt. Das erste Morgengrauen drängte sich durchs Fenster ein, in dem fahlen Lichte schien es, als wären die beiden Gespenster in der Gewalt des Schattens, der sich über sie aufschwang. Auf der Brust der weiblichen Erscheinung wurde nun ein Blutflecken sichtbar; die männliche Erscheinung lehnte sich auf ihren Degen, auch von ihren Kleidern, von der Krause und den feinen Spitzen rieselte heftig das Blut hernieder. Da verschlang der Schatten die beiden und mit einem Male waren alle drei meinen staunenden Augen entschwunden. Wieder schossen jetzt die bunten Lichtfunken und Blasen empor, huschten hierhin und dorthin, schienen größer und größer zu werden und in ihren Bewegungen immer wilder und verworrener. Jetzt tat sich die Schranktür zur Rechten des Kamins auf und aus der Öffnung trat die Gestalt einer alten Frau heraus. Ihre Hand hielt die Briefe fest, jene Briefe, die ich vor kurzem von der Geisterhand unter dem Mahagonitische ergriffen gesehen hatte. Hinter der Erscheinung erklangen Fußtritte. Sie wendete sich um, horchte auf, öffnete dann die Briefe und schien in ihnen zu lesen. Währendem zeigte sich über ihrer Schulter hinweg ein bleifarbiges Gesicht wie das eines Menschen, der vor langer Zeit im Wasser umgekommen war, ein aufgeschwollenes Gesicht, fahl und gedunsen und noch mit Seegras und Tang in dem triefenden Haar. Der alten Frau zu Füßen lag eine Masse wie die eines entseelten Körpers und neben dem Leichnam hockte ein Kind, ein elendes, armes Geschöpf, auf dessen Wangen sich der Hunger und in dessen Augen sich die Furcht eingegraben hatten. Und wie ich nun das Gesicht der alten Frau unverwandt anschaute, da verschwanden allmählich die Runzeln und Falten und stattdessen wurde ein jugendliches Gesicht sichtbar, aber mit einem strengen, förmlich steinernen Blicke. Wiederum wurde im Zimmer der gewaltige Schemen bemerkbar, der vorhin das Paar verschlungen zu haben schien und der nun in sein Dunkel auch diese drei Gespenster aufsog. Nunmehr blieb nur noch der große Schatten sichtbar, den ich unausgesetzt beobachtete und aus dem abermals so etwas wie Augen hervorzuleuchten schienen, Schlangenaugen voller Bosheit und Niedertracht. Dabei stiegen und fielen die Lichtblasen weiter auf dem Boden des Zimmers auf und nieder und mitten hinein in ihre ungestüme Irrfahrt fiel das Licht des allmählich durch die Wolken dringenden Mondes. Aus den Kügelchen selbst, gleichsam wie aus zerbrochenen Schalen von Eiern, brachen widrige Wesen heraus und füllten die Luft. Blutlos und scheußlich waren sie anzusehen und die Sprache fehlt mir fast, sie genauer zu beschreiben. Vielleicht erinnert man sich an das lebhafte, tausendfache Gewimmel von seltsamen Geschöpfen, die man unter dem Mikroskop in einem Tropfen sumpfigen Wassers sich entwickeln sieht. Auch hier waren es durchsichtige, geschmeidige Wesen, eines das andere verjagend und verschlingend. Es waren Figuren von winziger Gestalt und doch trotz ihrer scheinbaren Körperlosigkeit auch dem unbewaffneten Auge erkennbar. Formlos wie ihre Erscheinung war ihr Herumschweifen, sie näherten sich mir schneller und schneller, in immer dichteren Haufen und krochen über meinen rechten Arm hinweg, den ich unwillkürlich, wie zur Abwehr böser Geister, befehlerisch vor mich hingestreckt hatte. Manchmal schien mich etwas anzurühren, aber das kam nicht von diesen Wesen; unsichtbare Hände stießen mich an. Einmal sogar fühlte ich an meiner Kehle den schaurigen Griff von kalten, weichlichen Fingern. Es war mir klar, dass ich in körperliche Gefahr zu geraten drohte, sobald die Furcht über mich Macht gewänne. Schon darum sammelte ich meine ganze Kraft nur in das eine Gefühl, in den einen Vorsatz, mit eiserner Willenskraft allem zu widerstehen, was mir hier noch begegnen würde. Ich wandte meine Augen von dem Schatten ab, ganz besonders aber von den grässlichen Schlangenaugen weg, die nun aufs Neue besonders deutlich sichtbar wurden. Denn von diesen Augen – so viel ward ich inne – strömte es auf mich wie ein Wille herab, und zwar ein Wille, der unablässig das Böse wollte. Das Böse an sich, das Böse für mich. Es war ein Wille, der den Meinigen zu zermalmen im Stande war, wenn ich nicht fähig war, ihm

auszuweichen und zu widerstehen.
Das fahle Morgengrauen ließ allmählich nach und stattdessen drang der rötliche Schein der aufgehenden Sonne herein, dass es im Zimmer zu leuchten begann, wie wenn in der Nähe eine Feuersbrunst tobte, und die Larven schwammen in einer feurigen Lohe einher. Nochmals erbebte das ganze Gemach, nochmals ließen sich jene drei abgemessenen Schläge vernehmen und dann schlürfte der dunkle Schatten alles wieder in sich auf, gleichsam als wäre das alles aus ihm geboren und müsse auch zu ihm zurückkehren. Wie die Finsternis im Zimmer nach und nach verschwand, wich auch allmählich der Schatten von dannen. Die Flammen der Kerzen stiegen langsam wieder aus dem Dochte empor und entfalteten sich zu ihrer alten Höhe, die Glut im Kamin begann wieder aufzuleuchten, das ganze Zimmer hatte wieder das alte friedliche Aussehen, als hätten sich niemals in ihm die allerbefremdlichsten Dinge zugetragen. Die beiden Ausgangstüren waren noch zu, die Tür, die zum Zimmer meines Dieners führte, sogar verschlossen. In der Ecke des Gemaches lag mein Hund, krampfhaft zusammengedrängt. Ich rief ihn an – das Tier rührte sich nicht und wie ich mich dem Tiere genähert hatte, sah ich, es war tot. Mit herausgedrehten Augen lag es da, die Zunge hing ihm aus dem Maule und an der Kinnlade war ihm der Schaum niedergeträufelt. Ich nahm das Tier in meine Arme und trug es zum Kamin, wo ich allerlei Wiederbelebungsversuche mit ihm anstellte – vergebens. Ich empfand einen aufrichtigen Schmerz, meinen treuen Gefährten auf diese Weise verloren zu haben und ich musste mir gestehen, dass man mich von Vorwürfen wegen seines Todes nicht freisprechen konnte. War ich es doch gewesen, der ihn mit hierher genommen hatte, hier in dieses schreckenvolle Haus, wo er nun, wie nicht anders zunächst anzunehmen war, vor lauter Furcht und Entsetzen verendet war. Aber wie sehr überraschte mich die Entdeckung, dass er geradezu das Genick gebrochen hatte. Bei näherer Untersuchung fand ich nämlich, dass der Genickwirbel aus dem Rückgrat förmlich herausgedreht worden war. Wie war das nur möglich gewesen? Musste dies nicht

während der großen Dunkelheit geschehen sein? War nicht hierbei eine menschliche Hand, eine menschliche Kraft im Spiele, von gleicher oder ähnlicher Beschaffenheit wie die meinige? Waren es denn überhaupt menschliche Einwirkungen, die die ganze schreckliche Zeit über in diesem Zimmer ihr Wesen getrieben hatten? Es lag genug vor, um zu dieser Annahme zu gelangen. Doch mit Bestimmtheit kann ich darüber nichts sagen.

Mir bleibt nichts übrig, als getreu zu berichten, was meine Augen wahrgenommen und meine Sinne empfunden haben. Dem Leser muss es überlassen bleiben, seine eigenen Schlüsse daraus zu ziehen. Das Geheimnisvolle an diesen Ereignissen wurde noch vermehrt durch die überraschende Tatsache, dass plötzlich meine Uhr sich wieder ruhig auf dem Tische an der nämlichen Stelle vorfand, von der sie vorher so seltsam weggezogen war. Doch merkwürdig: der Zeiger stand noch auf der nämlichen Minute wie in dem Augenblicke, da die fremde Gewalt nach ihr gegriffen hatte. Ihr Gang schien überhaupt seitdem gestört zu sein, denn selbst der geschickteste Uhrmacher brachte sie später nicht mehr zu der genauen Zeitangabe wie vorher. Einige Stunden lang ging sie wohl in einem merkwürdigen, unregelmäßigen Gang, dann aber blieb sie wieder stehen und alle Versuche, sie in Ordnung zu bringen, waren vergeblich. Der Rest des Morgens verging, ohne dass sich weiter etwas Besonderes ereignet hätte. Das volle Tageslicht brach nach nicht zu langer Weile herein und mit dem ersten Sonnenstrahl verließ ich das Gespensterhaus. Bevor ich ging, betrat ich noch einmal jenes kleine, leer stehende Gemach ohne weiteren Ausgang, in welchem mein Diener und ich einige Zeit gefangen gehalten worden war. Unwiderstehlich drängte sich mir der Verdacht auf – obschon ich mir über ihn nicht nähere Rechenschaft zu geben vermochte – dass in jenem Zimmer das unbenennbare Wesen, von dem die ganzen Erscheinungen offenbar ausgegangen waren, sozusagen beheimatet war. Jetzt war heller Sonnenschein, als ich das kleine Zimmer betrat und dennoch beschlich mich wieder das Grauen, das ich schon in der vergangenen Nacht empfunden hatte und das durch die

Erscheinungen, die mir geworden, so außerordentlich verstärkt worden war. Ich konnte es nicht über mich gewinnen, länger als eine halbe Minute zwischen diesen Wänden zu verweilen. So stieg ich denn die Treppe hinunter, und siehe da, wieder war es, als trappten vor mir her unsichtbare Fußtritte und wie ich endlich die Haustür öffnete, war es mir ganz, als ertönte hinter mir ein leises Lachen.
Ich erreichte meine Wohnung und glaubte bestimmt, dort meinen Diener wieder zu finden, aber nein, er war nicht dahin zurückgekehrt und auch im Laufe der nächsten drei Tage kam kein Lebenszeichen von ihm, bis ich schließlich am 4. Tage aus Liverpool einen Brief folgenden Inhalts von ihm empfing: „Sehr geehrter Herr! Lassen Sie sich untertänigst um Verzeihung bitten, obschon ich befürchte, dass Sie mir diese nicht gewähren werden, ausgenommen, auch Sie haben – wovor der Himmel Sie aber bewahrt haben möge – gesehen, was ich wahrgenommen habe! Glauben Sie mir, es werden Jahre und Jahre vergehen, ehe ich mich von dem Erlebten erhole! Es steht für mich fest, dass ich in meinem jetzigen Zustande zu keinerlei Dienst brauchbar bin und daher habe ich mich entschlossen, zu meinem Schwager nach Melbourne in Australien zu reisen. Morgen schon segelt das Schiff ab. Die lange Seereise, die Zeit und die großen Veränderungen der Lebensbedingungen bringen hoffentlich mir mein Gleichgewicht wieder. Zurzeit freilich habe ich es noch nicht wiedergefunden. Zehnmal am Tage fühle ich mich erschauern und erbeben, fahre schreckhaft zusammen und zittere an allen Gliedern, denn immer ist mir, als sei ‚es' hinter mir. Haben Sie die Güte, verehrter Herr, meine Habseligkeiten und meinen rückständigen Lohn meiner Mutter nach Walworth zu schicken, Sie kennen ja ihre Adresse."
Der Brief schloss mit weiteren gehäuften Bitten um Verzeihung, nebst allerhand Bemerkungen über Dinge, die seinen Dienst betrafen, dann wieder mit Beschreibungen seines Zustandes – alles das so unzusammenhängend und verworren, wie es bei seiner seelischen Zerrissenheit wohl nicht gut anders sein konnte. Manche meiner Leser möchten vielleicht glauben, dass diese plötzliche Flucht nach

einem so schwer erreichbaren Orte in einem fernen Weltteile für meinen Diener ein übles Zeugnis abgebe. Man könnte glauben, er habe in irgendeiner Weise doch mit zu den Begebenheiten der Nacht eine Beziehung gehabt. Ich will hier solchen Mutmaßungen nicht weiter widersprechen. Ich finde sie verzeihlich, weil sie dem nüchternen Verstande sich bei solchen unnatürlichen Vorgängen als eine leicht denkbare Lösung aufdrängen.
Am Abend des gleichen Tages kehrte ich gleichwohl nochmals in das Schreckenshaus zurück, um meine Sachen und den Kadaver meines armen Hundes in einem Mietwagen abzuholen. Nichts störte mich bei diesem Geschäft, auch sonst ereignete sich kein bemerkenswerter Zwischenfall, ausgenommen das eine, dass ich wiederum beim Hinauf- und Hinabsteigen der Treppen die Fußtritte vor mir hörte. Nachdem ich das Haus verlassen hatte, ging ich zu Herrn Jackson, den ich auch zu Hause antraf. Ich gab ihm die Hausschlüssel zurück, konnte ihm freilich auch versichern, dass meiner Neugier voll Genüge geschehen sei und wollte eben beginnen, ihm zu erzählen, was sich in der vergangenen Nacht alles zugetragen habe. Doch er unterbrach mich, wenn schon in einer durchaus höflichen Weise und äußerte, dass er durchaus jedes Interesse an diesem Geheimnis verlören habe, welches sowieso sicherlich unenthüllt bleiben würde, wie es auch bisher noch niemand bündig hätte erklären können. Ich ließ aber nicht ab, wenigstens auf die beiden Briefe zurückzukommen, die ich gelesen hatte, und erzählte von deren ganz eigentümlichem Verschwinden. Dabei fragte ich ihn, ob er dächte, dass diese Briefe an jene Frau gerichtet gewesen wären, die unlängst dieses Hauses Hüterin gewesen und in ihm verstorben sei. Ich wies darauf hin, dass vielleicht in deren Lebensgeschichte sich einige Anhaltspunkte für die dunklen Andeutungen in jenen Briefen finden lassen würden. Jackson schien von diesen Enthüllungen einigermaßen überrascht zu sein und nachdem er einige Augenblicke nachgesonnen und sich gesammelt hatte, meinte er: „Mir ist nur wenig aus der Vergangenheit jener Frau bekannt, ich weiß nur, dass ihre Familie mit meiner Familie gut bekannt war. Doch Ihre

Bemerkungen rufen einige Erinnerungen in mir wach, die freilich nicht gerade günstig für die Tote sprechen. Lassen Sie mich aber erst für mich noch einige Nachforschungen anstellen; ich werde nicht verfehlen, Sie seinerzeit von deren Ergebnis in Kenntnis zu setzen. Doch bedenken Sie bitte eines: Angenommen, wir huldigten beide ebenfalls dem bekannten Aberglauben, dass ein Wesen als ruheloser Geist auf die Stätte seines irdischen Wandels zurückkommt, ein Wesen, das hienieden entweder der Urheber oder das Opfer einer dunklen Tat gewesen ist – wie wollen Sie dies dann damit vereinen, dass das Haus bereits von seltsamen Erscheinungen und merkwürdigen Tönen heimgesucht wurde, bevor jene Alte darin ihren Geist aufgegeben hatte. Ich sehe, Sie lächeln, was wollen Sie damit sagen?"

„Nun, ich bin der Meinung, dass wir sicherlich auf die Manifestationen lebendiger Wesen stoßen werden, wenn wir erst dieser ganzen Sache mehr auf den Grund gekommen sind."

„Ei nun! So glauben Sie, der ganze Spuk beruhe auf Betrügerei? Was um des Himmels willen wollte man damit bezwecken?"

„Ich will nicht sagen, dass ein direkter Betrug hier stattfinde. – Nehmen Sie einmal an: Ich versänke plötzlich in einen tiefen Schlaf, aus dem Sie mich in keiner Weise erwecken können, und ich würde Ihnen nun während dieses Schlafes allerhand Fragen mit einer so großen Genauigkeit beantworten, wie es mir wachend gar nicht möglich wäre. Stellen Sie sich vor, dass ich Ihnen sagte, wie viel Geld Ihre Börse enthielte, dass ich Ihnen sogar Ihre eigenen Gedanken verraten könnte. So wäre dies alles ebenso wenig ein Betrug, wie etwa etwas Übernatürliches. Ich stünde eben während dieses Vorganges unbewusst unter dem magnetischen Einfluss eines menschlichen Wesens, zu dem ich in irgendwelchen, mir unbekannten Beziehungen stehe, das aber die Macht über mich erlangt hat und diese aus der Ferne her auf mich ausübt."

„Es wäre Ihnen beizupflichten, sobald es feststände, dass eine magnetische Kraft derart raum- und zeitüberwindend auftreten kann. Aber woraus wollen Sie schließen, dass ein Wesen mit solchem

Magnetismus begabt, derartig außerordentliche Wirkungen, solche Scheinbilder und merkwürdigen Töne hervorbringen kann, die Sie und andere mit eigenen Augen wahrnehmen, mit eigenen Sinnen erdulden? Oder vielleicht besser gesagt, wovon Sie und jene anderen die subjektive Überzeugung gewonnen haben, sie gesehen und erduldet zu haben? Wenn ich nicht irre, so haben Sie doch mit der Person, die auf Sie einwirkt, keinerlei nähere Beziehung?"

„Allerdings nicht. Mit bloßem Magnetismus sind diese Dinge auch schließlich nicht zu erklären, ich glaube nur, dass hier eine, dem Magnetismus zugleich verwandte, wie auch weitaus überlegene Kraft in Frage kommt. In alter Zeit nannte man dergleichen „*Magie*". Ich will nicht behaupten, dass diese Kraft allen unbelebten, materiellen Gegenständen innewohnt. Aber selbst wenn das der Fall sein sollte, so brauchte man darin immer noch nicht etwas Übernatürliches zu erblicken. Man müsste eben darin eine Kraft der Natur erkennen, die vielleicht nur sehr selten auftritt und nur unter ganz besonderen, bestimmten chemischen oder wie immer gearteten Verbindungen. Es könnte auch sein, dass diese Kraft oder Fähigkeit unter Umständen noch in außerordentlicher Weise gesteigert werden kann und warum sollte es schließlich nicht möglich sein, dass auch die Abgeschiedenen mit solchen geheimen Kräften begabt sind. Vielleicht äußert sich diese nicht so sehr durch Bekundungen der „Seele", von der wir glauben dürfen, dass sie nach dem Tode allem Irdischen abgewandt sei. Aber es kann doch sehr wohl sein, dass gerade das Allzumenschliche und Irdische in uns, mit dem wir gleichsam in diesem Dasein befleckt gewesen sind, jenseits des Todes nach einer Verlautbarung strebt. Es ist dies eine veraltete Anschauung, der ich nicht ohne weiteres beipflichten will, aber über die ich auch nicht kurzweg absprechen möchte. Jedenfalls glaube ich, dass die Kräfte, die bei jenen Vorgängen wirksam gewesen sind, wohl kaum im eigentlichen Sinne als übernatürlich bezeichnet werden dürfen. Erlauben Sie, Ihnen durch ein Beispiel klarer zu machen, was ich meine. Der alte Theophrastus Bombastus Parazelsus beschreibt nachstehendes Experiment als leicht durchführbar und Benjamin

Disraeli, der Verfasser der „Curiosities of Literature", zitiert es als glaubwürdig. Wenn Sie eine Blume verbrennen, so vergeht sie, sie ist sozusagen gestorben. Aus welchen Stoffen immer die Blume während ihres Lebens bestanden haben mag, sie sind jetzt als Asche verstreut, in der Luft aufgegangen, für niemand erkennbar und nicht mehr zu dem vorigen Bilde zurückzugestalten. Es ist aber mittels eines chemischen Prozesses möglich, aus den Ascheresten der verbrannten Blume ein Farbenspektrum hervorzubringen, das dem der lebenden Blume täuschend ähnlich sieht. Ähnlich so mag es sich auch mit dem menschlichen Wesen verhalten. Die Seele ist entflohen, gleichsam wie der Geruch, der Urstoff der Blume, auch entschwunden war. Dennoch mag sich unter ganz bestimmten Verhältnissen durch einen, uns nur noch unbekannten Vorgang der Natur etwas Ähnliches hervorbringen lassen, wie das Farbenspektrum jener Blume, in diesem Falle aber ein schwer zu bezeichnendes Etwas, was der Volksaberglaube für den Geist der Abgeschiedenen halten mag. Gerade mit dem Geiste hat das aber vielleicht nichts zu tun, es ist eher als das Eidolon, das Idol der toten Form zu bezeichnen. Bei allen als tatsächlich bezeichneten Spukgeschichten frappiert stets das eine, dass niemals ein wirklich erhabenes, geistiges Element, eine lebendige Seele, in Erscheinung tritt. All jene Spukgestalten zeigen sich meistens nur aus unbedeutenden oder gar keinen Veranlassungen, selten lassen sie sich deutlich vernehmen und wenn sie etwas sprechen, dann geht das fast niemals über das Niveau des Alltäglichen hinaus. Wir haben z. B. von den amerikanischen Spiritisten Bände voll Prosa und Versen herausgegeben gesehen, von denen sie behaupten, dass erhabene Tote, wie z. B. Shakespeare, Bacon, Plato und wer weiß noch alles, sie direkt diktiert hätten. Aber all solche Mitteilungen sind nicht um ein bisschen von geistig höherer Art, als die Äußerungen ganz gewöhnlicher Sterblicher. Gegen das gehalten, was jene Schriftsteller und Philosophen einst auf Erden geschrieben und gesagt haben, muten sie geradezu kläglich an und niemals – und das ist wohl das Auffallendste dabei – enthalten diese angeblichen Gespräche der

Geister irgend einen neuen, großen oder erhabenen Gedanken. So wunderbar das alles ist, so sind es doch nicht zu leugnende Tatsachen und jedenfalls nichts wirklich übernatürliches, wenn schon wir bis jetzt noch keine natürliche Erklärung dafür haben.
Ich meinesteils möchte mich der Ansicht zuneigen, dass alle solche Phänomene Gedanken darstellen, die durch diese oder jene, uns bisher noch unbekannten Mittel von einem sterblichen Gehirn auf das andere übertragen werden. Sei es nun, dass sich Tische von selbst bewegen, dass teuflische Gestalten in einem magischen Kreise erscheinen, oder körperlose Hände auftauchen und greifbare Gegenstände von ihrem Platze nehmen oder gar scheinbar verschwinden machen, sei es, dass dunkle Schatten sichtbar werden, die unser Blut zum Erstarren bringen – ich habe bei alledem die feste Überzeugung, dass das alles nur Einwirkungen eines fremden Gehirnes auf mein Gehirn sind, die gleichsam durch elektrische Drähte von Gefühl zu Gefühl, von Einbildungskraft zu Einbildungskraft übertragen werden. Sicherlich gibt es Konstitutionen, die mit einer besonderen magnetischen Kraft begabt sind, und diese vermögen dann auch solche magnetischen Wunder vorzubringen. Anderen Konstitutionen ist vielleicht auch ein natürliches Fluidum eigen, das man sehr wohl Magnetismus, Elektrizität oder sonst wie nennen kann und dieses ist wahrscheinlich imstande, solche elektrische Wunder auszuführen. Solche an nur auserlesene Konstitutionen geknüpfte Offenbarungen sind aber bisher für die normale Wissenschaft nicht vorhanden, sie erscheinen ihr daher gegenstandslos und Untersuchungen darüber werden von der zünftigen Wissenschaft als wert – und ergebnislos abgelehnt. Man wüsste nicht – so sagt man –, zu welchem Ende man dergleichen erforschen sollte, darum geht man an diesen Dingen vorüber und die Gelehrten bekümmern sich nicht um sie. Ich meinesteils habe die unumstößliche Überzeugung, dass alles, was ich hörte und sah, ein Geschöpf von Fleisch und Blut gleich mir hervorgebracht hatte und zwar wahrscheinlich ohne das Bewusstsein der Folgen, die durch solche Erscheinungen gezeitigt werden können. Es will mir dies

besonders darum noch wahrscheinlich dünken, weil wie Sie selbst sagen, niemals zwei Personen genau das Gleiche erlebten. Beruhten die ganzen Erscheinungen auf einer gewöhnlichen Betrügerei oder Fopperei, so spielte sich alles immer wieder genauso wie vorher ab und höchstens kleine Abweichungen träten zutage. Kämen aber übernatürliche Gewalten in Frage, gleichsam im Auftrage Gottes, so müsste das Ganze irgendeinen erkennbaren Endzweck haben. Die ungewöhnlichen Ereignisse, die ich und andere erlebten, gehören aber zweifellos keiner der beiden Kategorien an.

Vielmehr steht nur fest, dass sie einem Gehirn entspringen, das weit von uns entfernt ist. Dieses Gehirn bezweckt sicherlich nichts Bestimmtes mit alledem, was sich zutrug, eben weil das, was wir erlebten, sozusagen die Reflektionen, die Verkörperungen, die Versinnbildlichungen seiner herumirrenden, bunten, wechselvollen, halbklaren Gedanken sind. Kurzum, die Erscheinungen sind als die verwirklichten Träume eines solchen Hirnes anzusprechen, eines Hirnes, das eben von so besonderer Beschaffenheit ist, um sich teilweise verkörperlichen zu können. Es scheint, als ob diesem Gehirn eine außerordentliche Kraft innewohnte, sodass es Mittel in Bewegung setzen kann, die bösartig und zerstörend wirken. Denn nur eine solche Kraft muss meinen armen Hund getötet haben. Wahrscheinlich wäre auch ich der Vernichtung anheimgefallen, wenn ich so wie mein Hund infolge von Furcht und Entsetzen ganz zermürbt gewesen wäre. So aber befähigte mich mein Verstand und mein fester Wille zu einer, auch durch solche Geister nicht zu brechenden Widerstandsfähigkeit."

„Was Sie sagen! Ihr Hund wurde von „ihm" umgebracht? Das ist ja entsetzlich! Aber es ist wirklich sonderbar, dass es kein Tier über sich vermocht hat, in diesem Hause zu bleiben, nicht einmal eine Katze; aber auch Ratten und Mäuse haben sich niemals darin gezeigt."

„Das ist nicht so wunderbar. Diese anscheinend so vernunftlosen Geschöpfe haben eben einen so feinen Instinkt, dass sie eher als wir jeden ihrem Dasein schädlichen Einfluss entdecken. Die menschlichen Sinne sind in diesem Punkte weit weniger zuverlässig, vielleicht weil ihnen dafür in der Vernunft eine höhere Widerstandsfähigkeit beschert ist. Doch, genug davon. Ist Ihnen meine Anschauung verständlich?“

„Einigermaßen ja. Und es ist mir lieber, irgendeiner, selbst wunderlichen Anschauung – entschuldigen Sie den Ausdruck – mich anzuschließen, als mich mit dem Gedanken zu befreunden, dass es Geister und Kobolde gäbe, wie uns in der Kinderstube weisgemacht worden ist. Doch alle Theorien machen aus meinem Hause nichts anderes. Was fange ich in aller Welt nur mit diesem Unglücksdinge an?“

„Lassen Sie mich Ihnen sagen, von welcher Seite ich die Geschichte anfassen würde. Es will mir als feststehend erscheinen, dass das kleine unmöblierte Zimmer, das rechtwinklig mit dem Schlafzimmer zusammenstößt, welches ich bewohnte, der eigentliche Ausgangspunkt, die Quelle des ganzen Spukes ist. Ich möchte Ihnen daher ernstlich raten, die Mauern niederreißen, die Dielen öffnen zu lassen, kurz, das ganze Kabinett abzubrechen. Das geht auch ganz leicht, da mir bei meiner Untersuchung des Hauses aufgefallen ist, dass jene Räume nur einen unabhängigen Altbau nach dem Hinterhof hinaus darstellen und folglich ganz leicht abgebrochen werden können, ohne das Gebäude als Ganzes zu beeinträchtigen.“

„Glauben Sie wirklich, dass die elektrischen Drähte, wie Sie sich ausdrückten, durch eine solche Demolierung mit vernichtet werden würden?“

„Man muss es immerhin versuchen. Ich bin für meine Person so sehr überzeugt davon, dass Sie davon Erfolg hätten, dass ich gern die Hälfte der Unkosten tragen will, wenn Sie mir gestatten, die Ausführung selbst in die Hand zu nehmen und zu leiten.“

„Keinesfalls. Sie sind sehr entgegenkommend, aber meine Mittel erlauben mir schon, die Kosten selbst zu tragen. Im Übrigen werde ich mir die Sache durch den Kopf gehen lassen und Sie zu gegebener Zeit von meinen Entschlüssen unterrichten.“

Es mochten ungefähr zehn Tage vergangen sein, als die erwartete Nachricht von Herrn Jackson eintraf. Er teilte mir mit, dass er das

Haus selbst besucht habe, dass er die beiden Briefe, die ich seinerzeit aus der Kommode genommen hatte, wieder in dieselbe zurückgelegt vorgefunden habe. Auch habe er vom Inhalt der Briefe – freilich nur voller Zweifel und Bedenken – Kenntnis genommen und sich die sorgfältigsten Ermittelungen um jene Frau angelegen sein lassen, an welche, wie ich richtig vermutet hätte, die Schriftstücke gerichtet gewesen waren. Nach seinen Erkundigungen habe jene Frau sich vor 36 Jahren (also ein Jahr früher, als die Briefe datiert waren) gegen den Wunsch ihrer Familie mit einem Amerikaner von zweifelhaftem Ansehen verheiratet. Man habe ihn allgemein für einen Seeräuber gehalten. Sie selbst stammte aus einer angesehenen Kaufmannsfamilie und war vor ihrer Verheiratung Erzieherin gewesen. Sie habe einen Bruder gehabt, einen in guten Verhältnissen lebenden Witwer, der der Vater eines Mädchens von ungefähr sechs Jahren gewesen sei. Ein Jahr nach der Verheiratung jener Frau habe man den Leichnam ihres Bruders aus der Themse gezogen, nicht weit von London Bridge. An der Kehle des Toten habe man Spuren von gewaltsamer Einwirkung entdeckt, doch wurden sie nicht für hinreichend erachtet, um gerichtlich einzuschreiten und so blieb es denn bei dem Zeugnisse des Leichenbeschauers: Ertrunken aufgefunden. Der Amerikaner und seine Frau nahmen sich des verwaisten Kindes an, zumal ja der Tote letztwillig verfügt hatte, dass seine Schwester sein einziges Kind in ihre Obhut nehmen solle. Wenn dieses Kind stürbe, so sollte die Schwester die Erbin des Vermögens des Kindes werden. Schon nach sechs Monaten starb das Kind. Es ging das Gerücht, dass sein Tod die Folge von böswilliger Vernachlässigung und Misshandlung gewesen sei. Von den Nachbarn wurde wenigstens ausgesagt, dass sie die Kleine öfters des Nachts furchtbar hätten schreien hören. Auch der Arzt, der das Kind nach dem Tode untersuchte, habe festgestellt, dass es an ungenügender Nahrung hingesiecht sei und dass sein Körper ganz mit schwarzgelben Flecken bedeckt gewesen wäre. Andere sagten, das arme Geschöpf habe in einer Winternacht einen Fluchtversuch gemacht, sich in den Hinterhof geschlichen und versucht, an der

Mauer in die Höhe zu klettern. Es sei jedoch erschöpft zurückgetaumelt und des Morgens sterbend auf den Steinen vorgefunden worden.

Wenn nun auch der Verdacht vorlag, dass gegen das Kind augenscheinlich höchst grausam verfahren worden war, so genügten doch die Anzeigen nicht, um etwa eine Anklage gegen eines vorbedachten Mordes zu erheben. Die Tante und ihr Mann verstanden es auch, ihr grausames Verhalten damit zu beschönigen, dass sie das Kind als äußerst widerspenstig und dickköpfig hinstellten, ja sie gaben an, es sei halb idiotisch gewesen. Sei dem nun wie dem wolle, jedenfalls erbte nach dem Ableben der kleinen Waise die Frau des Amerikaners das Vermögen ihres Bruders. Noch ehe ein Jahr abgelaufen war, verschwand plötzlich der Gatte aus England und ließ sich dann auch nie wieder in der Heimat erblicken. Es hieß, er sei der Kapitän eines Kaperschiffes geworden, das zwei Jahre später im atlantischen Ozean unterging. Die Witwe blieb in guten Verhältnissen zurück, aber allerhand Unglücksfälle zerrütteten ihre Vermögensumstände, eine Bank machte Bankrott, scheinbar gut angelegtes Kapital ging verloren, sie kaufte ein Geschäft, an dem sie sich aber nur ruinierte. Schließlich musste sie eine Stellung als Haushälterin annehmen und dabei kam sie mehr und mehr herunter, bis sie schließlich die niedrigsten Magddienste verrichtete. Merkwürdiger Weise hielt sie in keiner Stellung lange aus, obschon nichts besonderes gegen ihren Charakter einzuwenden war, im Gegenteil, allenthalben wurde ihr Fleiß, ihre Ehrlichkeit und stille Art und Weise anerkannt. Gleichwohl wollte ihr nichts zum Segen ausschlagen. Schließlich kam sie ins Armenhaus, aus dem ich sie befreite, um sie als Aufseherin über jenes Haus einzusetzen, das sie während des ersten Jahres ihrer Ehe mir dereinst abgemietet hatte.

Ich habe (so schloss der Brief des Herrn Jackson) nun sogar eine ganze Stunde allein in dem unmöblierten Zimmer verbracht, welches Sie der Zerstörung preisgeben wollen, aber ich habe nichts darin gehört oder gesehen. Gleichwohl hat mich ein derartiges Grauen überschlichen, dass ich jetzt nichts eifriger erstrebe, als die Mauern niederzureißen, die Dielen aufzuheben, kurz alles zu tun, was Sie mir vorgeschlagen haben. Die Arbeitsleute habe ich bereits bestellt und es liegt nur an Ihnen, den Tag des Abbruchs näher zu bestimmen. Demzufolge machten wir Näheres über diesen Tag aus. Ich begab mich an diesem Tage mit Herrn Jackson nach dem Gespensterorte, wir betraten zuerst das unheimliche Gemach, ließen die Holzverkleidungen der Wände abnehmen und dann die Fußböden aufreißen. Unter den Balken erblickten wir eine Falltüre, ganz mit Staub und Schmutz bedeckt, gerade groß genug, dass ein Mensch durch diese Einlass fände. Die Falltür war sorgfältig durch eiserne Klammern darnieder gehalten. Nachdem diese entfernt waren, stiegen wir in ein tieferes Gelass hinab, von dessen Vorhandensein bislang niemand etwas geahnt hatte. In diesem Zimmer befand sich ein Fenster mit einem Rauchfang, doch waren sie beide augenscheinlich schon vor langen Jahren zugemauert worden. Mit Hilfe von Lichtern durchsuchten wir den Raum. Er barg einige halbverschimmelte, wurmstichige Möbel, drei Stühle, einen eichenen Tisch nebst Sessel, alles nach dem Geschmacke des Jahrhunderts. An der Wand war ein Schrank angebracht, in welchem wir halbvermoderte Teile einer Männerkleidung vorfanden, wie sie im 18. Jahrhundert ein Mann von Rang und Stand getragen haben mochte, mit kostbaren Stahlschnallen und Knöpfen verziert, so wie man dergleichen noch jetzt an Hofkostümen wahrnimmt. Ferner fanden wir einen Degen, eine Weste, die einst mit Goldbrokat reich verziert war, nun freilich längst durch das Alter geschwärzt und durch Feuchtigkeit verdorben. Ferner entdeckten wir fünf Guineen, einige Silbermünzen und ein kleines Elfenbeintäfelchen – offenbar die Eintrittskarte zu einem Vergnügungsort, von dessen Freuden das heutige Geschlecht nichts mehr weiß. Die wichtigste unserer Entdeckungen jedoch bestand in einer Art von in die Wand eingelassenem feuerfestem Schrank, dessen Schloss selbst mit einen Dietrich zu öffnen erhebliche Mühe verursachte. In diesem Behältnisse zeigten sich drei Regale übereinander und zwei Schubladen. Auf den Regalen standen verschiedene kleine

Glasflaschen in Reih und Glied, aber alle hermetisch verschlossen. Sie enthielten farblose flüchtige Essenzen, welcherlei Stoffes tut ja nichts zur Sache, jedenfalls waren sie nicht giftig. Einige waren mit Phosphor und Salmiak angefüllt. Ferner fanden wir dort einige sehr seltsame Glasröhren, eine kleine zugespitzte Eisenstange, einen großen Klumpen Bergkristall und einen von Bernstein, ebenso einen Magneten von großer Kraft. In einem der Fächer lag ein Miniaturporträt, das in Gold gefasst war und dessen Farben in wunderbarer Schönheit frisch geblieben waren, zumal wenn man bedenkt, eine wie lange Reihe von Jahren es schon an seinem Platze verborgen gewesen sein mochte. Das Porträt war das eines Mannes in mittleren Jahren, so ungefähr zwischen 47 und 48 Jahren.
Es war ein äußerst auffallendes Gesicht, eins von denen, die man nicht gleich wieder zu vergessen pflegt. Man stelle sich einmal den Kopf einer Schlange in ein Menschengesicht verwandelt vor, das trotzdem etwas von dem alten Schlangentypus noch zeigt – da hätte man ungefähr ein treffendes Bild von jenem Gesichtsausdruck, den ich sonst durch keine längere Schilderung besser beschreiben könnte. Die Breite und Flachheit der Stirn, die zugespitzte Kopfform standen gewissermaßen in einem aufhebenden Gegensatz zu dem außerordentlich brutal entwickelten Kinn. Aus den langgeschnittenen, schrecklichen Augen fielen mörderische Blicke, grünlich schillernd und glänzend wie Smaragd und dabei brach aus ihnen eine erbarmungslose Harte, das Kennzeichen einer unbesieglichen Gewalt. Vom ersten Augenblicke an, seitdem ich das Miniaturporträt in Händen hielt, war mir eine höchst seltsame Ähnlichkeit dieses abstoßenden Bildes mit einem der seltensten Bildnisse der Welt aufgefallen, mit dem Bildnisse einer Person hohen Standes, die zu ihrer Zeit die Welt mehrfach in Atem gehalten hatte. Nicht dass man aus der Geschichte etwas über jene Person erfahren könnte, nein, diese schweigt ganz von ihr; aber aus dem Briefwechsel ihrer Zeitgenossen kann man betrübliche Beweise herausfinden, von welch skrupelloser Verworfenheit und ruhelosem Geiste jener Mann war, dem man übrigens auch einen großen Hang zu den geheimen

Wissenschaften nachsagte. Jedoch starb er in einem fernen Lande, noch im schönsten Alter, und fern von der Heimat wurde dieser Mensch auch, soweit man wenigstens davon gehört hatte, begraben. Nur sein Tod hatte es verhindert, dass der Arm der Gerechtigkeit ihn erreichte, denn man klagte ihn einer Unmenge schlimmer Verbrechen an. Es waren eine ganze Menge Bilder von ihm in den Händen der Öffentlichkeit, aber nach seinem Tode wurden diese mit großem Eifer allenthalben aufgekauft und augenscheinlich vernichtet; es ist anzunehmen, dass dies von den Erben ausging, die froh gewesen wären, wenn jener Mensch sich aus ihren Ahnentafeln ebenso hätte entfernen lassen, wie sein Bildnis aus den Händen der damaligen Zeitgenossen. Jene Person war während ihres Lebens im Besitze außerordentlicher Reichtümer. Seltsamer Weise waren all diese Schätze nach ihrem Tode auf eine unerklärliche Weise verschwunden; es ging das Gerücht, dass ein Astrologe oder Wahrsager, einer der Günstlinge jener Person, einen großen Teil ihrer Schätze veruntreut hatte. Wie mir scheinen will, entging jener allgemeinen Zerstörung aller Bildnisse jener Person nur eins, denn vor einigen Monaten vor dieser ganzen Begebenheit war mir ein solches Porträt bei einem Antiquitätenhändler aufgestoßen. Schon damals hatte das Bild eine wunderbare Wirkung auf mich ausgeübt, wie übrigens auf alle, die sich jemals mit ihm beschäftigt hatten. Es war aber auch ein Gesicht, das ich niemals vergessen werde! Und seltsam genug: Das Miniaturbildnis hier, was ich jetzt in Händen hielt, hatte ganz denselben merkwürdigen Gesichtsausdruck! Allerdings musste man dem Manne auf diesem Miniaturbild hier einige Lebensjahre mehr zusprechen, als jenes Bildnis verriet, das ich unlängst gesehen hatte; aber konnte dieses Bild hier nicht eben kurz vor seinem Tode angefertigt worden sein? Einige Jahre verändern die Menschen recht – doch was rechnete ich da –zwischen der Zeit, in welcher dieses Bild offensichtlich gemalt worden war und jener, in der das Bild, das ich früher gesehen hatte, ein Künstler geschaffen hatte – zwischen diesen Zeiten lag ja ein Zwischenraum von mehr als zwei Jahrhunderten. Während ich in solche Betrachtungen

versunken, still für mich dastand, brach auf einmal Jackson selber in den verwunderten Ruf aus: „Aber wie ist mir denn? Sollte das möglich sein? Diesen Mann hier habe ich ja selbst schon gekannt!“
„Was Sie sagen! Wieso und wo?“ rief ich.
„In Indien. Er hatte es verstanden, das Vertrauen des Rajah von Serampoor in hohem Grade an sich zu reißen und beinahe hätte er den Fürsten zu einer Empörung verleitet, deren Ergebnis höchstwahrscheinlich nichts anderes gewesen wäre, als der Verlust der Herrschaft, die ihm England noch bis dahin gelassen hatte. Jener Vertraute des Rajahs war ein Franzose mit Namen de Vales; ein gewandter und stets unerschrockener Kämpfer, der sich an keinerlei geschriebene Gesetze band. Wir bestanden darauf, dass dieser gefährliche Mensch von dem Hofe des indischen Fürsten verbannt würde! Ja, ja es muss derselbe Mann sein, denn wo in der Welt gleicht wohl ein zweites Gesicht dem seinigen?! Aber anderseits: Dies Miniaturbild hier scheint doch mindestens 100 Jahre alt zu sein.“
Diese Worte veranlassten mich, das Bild umzukehren, um seine Rückseite zu untersuchen. Auf dieser fand ich ein Fünfeck eingraviert, in dessen Mitte man eine kleine Leiter aufgelegt hatte und auf der dritten Sprosse dieser Leiter stand die Jahreszahl 1765. Bei weiterer Untersuchung entdeckte ich eine Sprungfeder, die meinem Fingerdrucke wich und jetzt auf einmal, während ich auf jene Sprungfeder drückte, öffnete sich der Deckel des Portraits und auf seiner Innenseite fand ich die Worte eingraviert: „Marianne, sei getreu im Leben wie im Tode Deinem“.
An dieser Stelle folgte noch ein Name, der mir zwar nicht unbekannt war, den ich aber hier an dieser Stelle nicht nennen möchte. Nun hatte ich zwar schon früher in meiner Kindheit den Namen von alten Leuten schon oftmals nennen hören, als den eines Scharlatans, der ungefähr ein Jahr hindurch alle Welt verblendet und allgemein ein großes Aufsehen hervorgerufen hatte und der schließlich flüchtig geworden war, weil man gegen ihn die Anklage erhoben hatte, seine Geliebte und seinen glücklicheren Nebenbuhler ermordet zu haben.

Aber alle diese Dinge behielt ich bei mir und nach einigem Widerstreben händigte ich Herrn Jackson das Miniaturporträt aus. Wenn uns auch die Öffnung des ersten Faches, des eisernen Schrankes keine Mühe verursacht hatte, so war dies dafür desto schwieriger bei dem zweiten Fache. Obschon es unverschlossen war, setzte es allen unseren Anstrengungen es zu öffnen, einen merkwürdigen Widerstand entgegen. Endlich gelang es uns, in einen Spalt einen Meißel einzutreiben und auf diese Weise das Fach aufzuziehen. Wir entdeckten darin einen sehr merkwürdigen Apparat, der in peinlicher Ordnung aufgestellt war. Auf einem kleinen, dünnen Buche, flach wie eine Platte, stand eine gläserne Schale, die mit einer durchsichtigen Flüssigkeit angefüllt war. Auf dieser schwamm eine Art Kompass mit einer Nadel, die sich rasch rundum drehte. Doch auf der Kompassspitze waren statt der gewöhnlichen Zeichen sieben merkwürdige Zeichnungen angebracht, nicht unähnlich denjenigen, mit welchen die Astrologen die Planeten zu bezeichnen pflegen. Dem Fache entströmte ein absonderlicher Geruch, der weder scharf noch sonst unangenehm war. Erst später nahmen wir wahr, dass das Fach mit Haselnussholz ausgelegt war. Von welcher chemischen Ursache auch immer der Geruch herrühren mochte, jedenfalls übte er auf unsere Nerven eine sehr merkwürdige Wirkung aus, von der sich sogar die beiden Arbeiter, die wir zur Hilfeleistung mitgenommen hatten, betroffen fühlten. Wir alle empfanden von den Fingerspitzen bis zu den Haarwurzeln einen prickelnden, ziehenden Schmerz. Ich nahm die Schale empor, voller Ungeduld, jene Platte zu untersuchen, auf der sie gestanden hatte. Sofort kreiste die Kompassnadel mit ungeheurer Geschwindigkeit um sich herum und zugleich, fühlte ich meinen ganzen Körper wie von einem heftigen Stoße erschüttert, sodass mir die Schale aus der Hand und auf den Fußboden fiel. Der flüssige Inhalt war somit verschüttet, die Schale zerbrochen und der Kompass rollte in einen Winkel des Zimmers. Im selben Augenblicke schienen die Wände förmlich zu beben, gleich als hätte ein Riese seine ganze Kraft gegen sie geworfen und sie so ins Schwanken versetzt.

Die beiden Arbeiter waren so von Entsetzen ergriffen, dass sie schnell die Leiter hinaufeilend, auf der wir von der Falltür in das Gemach herabgekommen waren. Doch gelang es uns, sie zur Umkehr zu bewegen, als sie bemerkten, dass weiter keine Seltsamkeiten sich ereigneten. Inzwischen hatte ich das schmale Buch geöffnet. Es war in glattes, rotes Leder gebunden, hatte einen silbernen Verschlusshaken und enthielt nichts weiter als ein einziges, starkes Pergamentblatt. Auf diesem stand in der Mitte eines Doppelfünfecks in altem Mönchslatein das Folgende, was ich hier in getreuer Übersetzung wiedergeben will: „Alles, was ich innerhalb dieser Mauern erreichen kann, Totes oder Lebendiges, Fühlendes oder Lebloses, will ich vernichten. Solange diese Nadel sich bewegt, herrscht über alles innerhalb dieser Mauern mein Wille. Verflucht sei dieses Haus und ewig ruhelos seien seine Bewohner!“

Weiter fanden wir nichts vor. Herr Jackson verbrannte das Buch samt seinem Bannfluch, das unterirdische Gemach nebst dem Zimmer darüber ließ er bis auf die Grundsteine niederreißen. Darauf fand er den Mut, einen ganzen Monat lang selbst in diesem Hause zu wohnen und wahrlich, man konnte in ganz London kaum ein ruhigeres, gemütliches Heim finden. Später gelang es ihm, das Haus vorteilhaft zu vermieten und keiner der Abmieter hat jemals wieder eine Klage über Störungen oder sonstige geheimnisvolle Vorgänge laut werden lassen. Doch ich bin mit meiner Erzählung noch nicht am Ende. Nachdem Herr Jackson in das Haus eingezogen war, besuchte ich ihn wenige Tage später. Wir unterhielten uns am geöffneten Fenster; unten vor der Haustür stand ein Handwagen, auf dem einiges Hausgerät war, das er aus seiner früheren Wohnung hatte herschaffen lassen. Ich war gerade dabei, ihm meine Anschauungen eindringlich auseinanderzusetzen. Ich sagte, dass meiner Ansicht nach alle jene Erscheinungen, die wir so leicht als übernatürliche zu bezeichnen belieben, ihre Ursache in dem Gehirn und dem Willen eines Menschen haben. Um meiner Ansicht noch mehr Beweiskraft zu geben, wies ich auf das Zaubermittel und den Fluch hin, was nun beides aufgedeckt und zerstört worden war. Herr Jackson entgegnete

mir: „Selbst, wenn der Mesmerismus oder eine andere ähnliche Kraft wirklich in der Abwesenheit des Handelnden solche außerordentliche Phänomene bewirken könnte, so erscheint es doch unglaubhaft, dass diese Handlungen noch nach dem Tode des Handelnden fortwirken könnten. Der Anbau ist doch wahrscheinlich schon vor länger als vor 70 Jahren dem Hause angefügt worden, ebenso ist schon längst jener Zauber hergestellt worden und somit ist die Person, von der alles ausgeht, doch sicherlich längst dieser Zeitlichkeit entrückt!"
Gerade während Herr Jackson dies sprach, griff ich erschrocken nach seinem Arm und zeigte zugleich auf die Straße hinunter. Über den Damm der Straße schritt ein anständig gekleideter Mann und näherte sich dem Menschen, der den Handwagen gezogen hatte. Unser Blick fiel gerade auf sein Gesicht, das gegen unser Fenster gekehrt war. Und siehe: Es war das Gesicht jenes Miniaturporträts, jenes Edelmannes, der vor drei Jahrhunderten gelebt hatte!
„Um des Himmels Willen!", rief Herr Jackson, „Das ist ja das Antlitz des Herrn de Vales! Und er scheint mir nicht einen Tag älter zu sein, als ich ihn seiner Zeit in meiner Jugend am Hofe des Rajah von Serampoor gesehen habe!"
Wir eilten beide sofort die Treppe hinunter, ich war zuerst unten; aber der Mann hatte bereits seine Schritte weiter gelenkt. Jedoch erblickte ich ihn noch in nächster Nähe und nach wenigen Augenblicken war es mir gelungen, ihn einzuholen. Ich hatte erst die Absicht gehabt, ihn einfach anzusprechen, wie ich aber ihm ins Angesicht blickte, fühlte ich, dass mir dies völlig unmöglich sei. Wie in einen Bann schlug mich sein Auge – das Auge einer Schlange. Und außerdem ging von dem ganzen Wesen des Mannes ein Stolz, eine Überlegenheit, und so viel Würde und ruhige Entschlossenheit aus, dass es schlechterdings unmöglich erschien, ihm mit einer gewissen Zudringlichkeit entgegenzutreten. Was auch hätte ich ihm sagen und ihn fragen können? Von einiger Scham über mein voreiliges Unterfangen erfasst, blieb ich einige Schritte hinter ihm zurück; aber obschon ich nicht wusste, was ich eigentlich unternehmen wollte, nahm ich die Verfolgung dieses Fremden wieder auf. Inzwischen war

er um eine Straßenecke gebogen. Ein Wagen hatte ihn bereits dort erwartet, an dem Wagenschlag stand ein unlivrierter Diener. Der Fremde stieg ein, die Pferde setzten sich in Trab und schnell war der Wagen meinen Blicken entschwunden. So ging ich denn zu dem Hause zurück, wo Herr Jackson noch unter der Haustür stand und mittlerweile den Fuhrmann gefragt hatte, was der Fremde von ihm gewollt habe. Die Antwort fiel mager genug aus: Er habe sich nur erkundigt, wem zurzeit dieses Haus gehöre.

Am selben Abend geschah es, dass ich einen Freund nach dem „Cosmopolitan Club" begleitete. Wie in allen derartigen Klubs, begegnet man dort Menschen aus allen Weltgegenden, Menschen aller Rangklassen und Weltanschauungen und man ist einigermaßen sicher, dort immer eine angenehme, zuweilen sogar eine hervorragende Persönlichkeit anzutreffen, während man dort bei einer guten Zigarre eine Tasse Kaffee schlürfen kann. Kaum hatte ich mich im Saale niedergelassen, als ich einen meiner Bekannten erblickte, wie er an einem Tische mit dem Originale jenes Miniaturporträts im Gespräche war. Da jetzt sein Haupt unbedeckt war, trat seine Ähnlichkeit mit dem Bilde umso stärker hervor. Doch schien es mir, als wenn jetzt weniger Strenge auf seinem Antlitz läge, hin und wieder umspielte sogar ein Lächeln, freilich ein mehr ernstes und ruhiges Lächeln, seinen Mund. Besonders fiel mir die unwandelbare Würde auf, die sich in seiner ganzen Haltung ausprägte. Man kennt dergleichen bei orientalischen Fürsten, deren cäsarische Würde ihre Grundlage in dem Bewusstsein hat, dass sie Menschen von unbestrittener, unwiderstehlicher, altangestammter Machtfülle sind. Mein Bekannter verabschiedete sich nach einiger Zeit von jenem Fremden, der sich nun in eine wissenschaftliche Zeitung vertiefte und dabei für nichts anderes mehr Aufmerksamkeit zu haben schien. Ich eilte, meinen Bekannten um Aufklärung zu ersuchen, und fragte: „Wer ist jener Herr, mit dem Sie eben sprachen? Und was ist er?"

„Jener Herr? Ah, das ist ein außerordentlich interessanter Mann! Vor einem· Jahre traf ich ihn mitten in den Höhlen von Hebräa, dem biblischen Edom. Es ist der größte, hervorragendste Orientalist, der mir bekannt ist. Wir setzten nachher die Reise gemeinsam fort und es begegneten uns dabei abenteuerliche Zusammenstöße mit Räubern, bei welchen er mir durch die größte Kaltblütigkeit und Entschlossenheit das Leben rettete. Später war er so freundlich, mich für einige Tage in sein Heim einzuladen, das er sich in Damaskus gekauft hatte. Es war ein wunderbarer Aufenthalt dort, das Haus lag wie überschüttet von blühenden Mandelbäumen und Rosen! Schon seit etlichen Jahren hatte er dort das Leben eines vornehmen Orientalen geführt, fast will mir scheinen, dass er auch zum Glauben Mohammeds übergetreten ist. Jedenfalls nennt er ungeheuere Reichtümer sein Eigen, ist aber bei alledem ein großer Sonderling und nebenbei bemerkt, beschäftigt er sich leidenschaftlich mit Mesmerismus und allen geheimen Wissenschaften. Ich habe selbst erlebt, dass er es versteht, an unbelebten Dingen ganz märchenhafte Wirkungen hervorzubringen. Beispielsweise: Wenn Sie Ihrer Brieftasche ein Papier entnehmen und dasselbe in die andere Ecke des Zimmers tun, so ist er imstande, dem Papier zu heißen, dass es zu ihm hinkomme. Und wahrhaftig, das Papier folgt seinem Rufe und nach und nach windet es sich gleichsam wie ein lebendes Wesen auf dem Boden hin und her, bis es zu seinen Füßen angelangt ist. Ich versichere Ihnen auf Ehrenwort, dass ich dies selbst erlebt habe. Mehr noch: Sogar dem Wetter vermag er zu gebieten und er kann mit Hilfe eines Glasstabes die Wolken sammeln und wieder ihnen befehlen, sich zu zerstreuen. Allerdings vermeidet er es, über diese Dinge mit Fremden zu sprechen. Seit langen Jahren ist er nicht mehr in England gewesen und unlängst erst hier angekommen. Wenn Ihnen daran liegt und Sie es gestatten, will ich Sie ihm gern vorstellen."

„Aber freilich, sehr gern! Wie ist denn sein Name?"

„O, ein ganz alltäglicher: Richards."

„Wissen Sie Näheres, aus welcher Familie, aus welcher Gegend er stammt?"

„Woher soll ich das wissen? Doch, was hätte das auch auf sich?

Jedenfalls ist es ein Emporkömmling. Aber reich – schwer reich."
Mein Bekannter führte mich zu dem Fremden hin und stellte mich ihm vor. Im Wesen dieses Herrn Richards lag allerdings nichts von einem Parvenue oder einem Abenteurer. Leute dieser Klasse sind meist sehr geschwätzig, voreilig, reißen gern das Gespräch an sich und drängen sich in jeder Weise hervor. Dieser Herr Richards dagegen war ernst und gemessen und seine Ausdrucksweise, wie sein Benehmen ähnelte mehr den Formen früherer Zeiten, wobei sie sich durchaus frei von jeder lächerlichen Übertreibung der Höflichkeit hielten. Mir fiel aber auf, dass sein Englisch nicht gerade das der Gegenwart war, ja sogar, dass sein Akzent einen auffallend fremdländischen Beiklang hatte. Jedoch es hatte Herr Richards dafür eine sehr glaubhafte Erklärung, indem er bemerkte, dass er sich schon seit langen Jahren entwöhnt habe, sich seiner Muttersprache zu bedienen. Das Gespräch drehte sich um die Umgestaltung Londons, seitdem er zum letzten Male in der Hauptstadt gewesen war. Mein Bekannter zog die vielen Veränderungen in der Literatur, in Handel und Politik ins Gespräch und gedachte der hervorragenden Männer, der emporstrebenden großen Geister, die in den letzten 20 Jahren vom öffentlichen Schauplatz dahingeschwunden waren. Doch fand dieses Gespräch bei Herrn Richards keine besondere Teilnahme, offenbar waren ihm die Schriftsteller der Gegenwart fremd geblieben und von unseren jüngeren Staatsmännern schien er nicht einmal die Namen zu kennen. Als mein Bekannter ihn gelegentlich fragte, ob ihm an einem Eintritt ins Parlament etwas gelegen sei, flog ein Lächeln über sein Gesicht. Es war mehr ein innerliches Lachen und merkwürdig: Von einem spöttischen Blick steigerte es sich zu einem sarkastischen, unheimlichen Lachen und endete schließlich mit einem hellen Hohngelächter. Mein Bekannter entfernte sich nach einigen Minuten, um mit Freunden von ihm, die im Saale hin- und her schlenderten, zu reden und ich nahm die Gelegenheit wahr, scheinbar ganz beiläufig Folgendes zu bemerken: „In dem Hause, das einst Ihre Wohnung war, Herr Richards, und das Sie, wenn nicht ganz, doch wenigstens zum Teil erbaut haben dürften, sah ich ein

Miniaturporträt von Ihnen. Heute Morgen erst gingen Sie an jenem Hause vorüber.“
Während dieses Satzes hielt ich die Blicke niedergesenkt und wagte erst nach Beendigung meiner kleinen Rede die Augen aufzuschlagen. Da sah ich wie seine Blicke unverwandt auf mich gerichtet waren, so dass sich mein Auge kaum mehr von seinen faszinierenden Schlangenaugen abwenden konnte.Wider meinen Willen und gleichsam, als ob nur mit Mühe sich die Worte auf meinen Lippen formten, setzte ich leise flüsternd hinzu: „Ich habe die Geheimnisse des Lebens und der Natur durchforscht, dabei habe ich den geheimnisvollen Urheber gewisser dunkler Ereignisse entdeckt. So steht es mir wohl zu, mit Ihnen darüber zu reden.“
Und dabei gebrauchte ich einige Kennworte, wie sie unter Kabbalisten gang und gäbe sind.
„Schön.“, entgegnete er gelassen. „Ich will Ihnen dieses Recht nicht streitig machen – was haben Sie mich zu fragen?“
„Welchen Umfang kann menschliche Willenskraft unter gewissen Voraussetzungen erreichen?“
„Sie meinen, wie weit unser Gedanke reichen könnte? Nun wohl. Sammeln Sie Ihre Gedanken und mit eines Atemzuges Kürze befinden Sie sich in China.“
„Sehr wohl! Aber mein Gedanke übt deshalb noch immer keine Macht in China aus.“
„Geben Sie nur Ihrem Willen den gehörigen Ausdruck und diese Macht wird Ihrem Willen zufallen. Schreiben Sie einen Gedanken nieder, früher oder später wird von ihm Chinas ganzer politischer Zustand beeinflusst werden! Ist ein Gesetz nicht ebenfalls ein Gedanke? Der Gedanke ist unendlich und deswegen wohnt ihm eine unendliche Kraft inne. Auf den Wert des Gedankens kommt es zunächst dabei nicht an. Aus einem bösen Gedanken kann ebenso gut ein übles Gesetz erzeugt werden, wie aus einem guten Gedanken ein heilsames.“
„Allerdings wird meine Anschauung nur durch das, was Sie da sagen, bestätigt. Es ist schon so, dass das menschliche Gehirn seine

Ideen mittels unsichtbarer Ströme auf ein anderes menschliches Gehirn übertragen kann und dass das ebenso schnell geschieht, wie man einen Gedanken durch sichtbare Mittel verbreitet. Darin, dass ein Gedanke sich in der wirklichen Welt durch seine Erfolge und Wirkungen verewigt, ist die Unsterblichkeit des Gedankens begründet, selbst wenn das Gehirn, das ihn formte, längst aus der Zeitlichkeit abgerufen ist. Aber die Gedanken der Lebenden können sogar die Kraft haben, die Gedanken der Toten wieder zu beleben, sowie sie seinerzeit sich bei jenen Toten äußerten. Freilich werden die Gedanken der Toten, welche dieselben jetzt haben, von den Willensgedanken der Lebenden nicht erreicht. Sind Sie nicht auch der Meinung?"
„Erlauben Sie mir, mit meiner Meinung zurückzuhalten, obschon auch nach meiner Ansicht der Gedanke in die Grenzen gebannt ist, die Sie ihm gezogen haben. Aber fahren Sie mit Ihrer Meinungsäußerung fort. Sie wünschten eine besondere Frage an mich zu stellen?"
„Teuflische Schlechtigkeit, von einem unbesieglichen Willen ausgehend, vermag Folgeerscheinungen hervorzubringen, wie wir sie von der schwarzen Magie her kennen, zumal wenn der böse Wille auf einem starken Temperament fußt und durch gewisse wissenschaftliche Mittel unterstützt wird. So können sich an den Wänden eines menschlichen Wohngemaches alle verbrecherischen Gedanken und Missctaten, die einst in jenem Raume sich entfaltet hatten, durch gespenstische Wiederbelebung von neuem abwickeln. Auf diese Weise erscheinen lückenreiche, zusammenhanglose Bruchstücke alter tragischer Vorgänge wieder neu und Gedanken, die sich so durch Zufall kreuzen, wie bei dem Durcheinander einer Halluzination gestalten sich zu Nebengebilden oder Lauten, die alle nichts anderes bewirken, als dem zufällig Anwesenden einen fürchterlichen Schrecken einzujagen. Diese Phantome sind aber nichts anderes als verkörperte grauenhafte Zusammensetzungen von Erinnerungen und zur Erscheinung gebracht durch tückische Sterbliche. Mit den Dingen einer jenseitigen Welt hat das nichts zu

tun. Ein menschliches Gehirn mit seinem ganzen Energiewillen steckt hinter diesen materialisierten Erinnerungen von Dingen, die einst in diesem Raume sich abgespielt haben. Und so teilt sich diesen Phantomen von der Kraft jenes energischen Willens her ein gleichsam menschliches Vermögen mit, Stöße auszuteilen wie von einem elektrischen Apparate, Stöße, die sogar den Tod herbeiführen könnten, wenn der davon Betroffene nicht in seiner eigenen Ideenwelt Kraft und Widerstand genug findet, um sich über den Ansturm dieser geisterhaften Mächte zu erheben. Tiere zum Beispiel und seien sie noch so kräftig, entbehren dieser bewussten Willenskraft und unterliegen somit, von Entsetzen gefoltert, den spukhaften Erscheinungen. Aber der schwächste Mensch vermag sich mit Erfolg dagegen zu wehren, einzig durch die Macht des Gemüts. Wir haben in alten Geschichten von Schwarzkünstlern gelesen, die von mächtigen Zauberern vernichtet wurden, von Zauberern, die ihre Schwarzkunst erst vordem herbeigerufen hatten. Die morgenländische Sage erzählt uns – und so besonders in den tiefsinnigen Märchen von Tausend und eine Nacht – wie die Kunst eines Magiers einen anderen Magier besiegte und vernichtete. In jedem verbürgt sich insofern etwas Wahres, als ein materielles Wesen auf an und für sich ganz neutrale Stoffe und Elemente, seien sie fest oder flüssig, seinen eignen bösen Willen übertragen kann. Dann nehmen jene Stoffe eine entsetzliche Form an und werden mit unwiderstehlicher Gewalt ausgestattet. Die Kraft des Bösen wirkt so innerhalb und mittels sonst unbelebter Natur, gleichsam wie erst durch die Einwirkung der Natur der Blitz auf einmal eine bestimmte Form für das Auge annimmt, damit sichtbar wird und nun zerschmetternd dahin niederfährt, von wo aus er geheimnisvoll angezogen wird, während er doch vorher unerkannt und unschädlich in den Wolken verborgen dagewesen ist.“

So setzte ich dem Fremden meine Meinung auseinander.

„Sie haben einen tiefen Blick in die Geheimnisse der Natur getan,“, entgegnete Herr Richards ernst und ruhig. „Nach Ihrer Ansicht scheint ein Sterblicher, der solche Macht, wie Sie eben ausführten, erlangt hat, als ein feindseliges und übeltäterisches Wesen aufzutreten!“

„Allerdings ist das ein höchst gefährliches böses Wesen, wenn es sich seiner Macht, wie ich darlegte, so bedient. Doch will mir nach allen Überlieferungen scheinen, dass es gleichwohl über wahrhaft gute Menschen keine Gewalt hat. Nur auf solche erstreckt sich seine Macht, die mit ihm sozusagen in gewisser Seelengemeinschaft leben oder die eben nicht imstande sind, seiner Gewalt sich entgegenzustemmen. Erlauben Sie mir, ein Beispiel anzuführen, das zwar so phantastisch wie nur irgendeine alte Mönchsfabel erscheint und gleichwohl doch nicht außerhalb der Naturgesetze liegt. Sie werden sich erinnern wie Albertus Magnus einmal in seinen Schriften ganz ausführlich den Prozess beschreibt, durch welchen man Geister herbeirufen kann. Höchst eindringlich setzt er freilich hinzu, dass diese Geisterbeschwörung nur wenig auserlesenen Menschen nützen werde, denn man müsse bereits als Schwarzkünstler geboren sein, mit anderen Worten: Von Natur eine Anlage zur Magie haben, so wie jemand von Natur zum Künstler oder Dichter geboren sein muss. Dieser Leute gäbe es nur wenige und immer müssten sie in einem ganz hervorragenden Maße imstande sein, ihre Gedanken auf einen einzelnen Gegenstand zu konzentrieren, sie müssten im Besitze jener außerordentlichen Charaktereigenschaft sein, die wir als wirklich unerschütterlich kennen. Wir wollen uns nun einmal jemand vorstellen, den die Natur körperlich und seelisch in dieser Weise begabt hat, einen Menschen, der vornehmeren Schichten angehört, dessen Triebe entschieden die eines sinnenfrohen Menschen sind, sodass er nichts Höheres als eine leidenschaftliche Liebe zum Leben kennt. Diese Person soll mit äußerster Selbstsucht alle ihre Gedanken auf ihr eigenes Glück richten, von feuriger Leidenschaft erfüllt sein. Fremd allen edlen, menschenfreundlichen, selbstlosen Empfindungen, immer nur gerade begehrend, wonach ihr im Augenblicke der Sinn steht. Ein solcher Mensch wird grimmig hassen, was sich seinem Streben entgegenstellt. Er wird reuelos die entsetzlichsten Verbrechen verüben und hohnlachend zusehen, wie andere ins

Verderben für seine eigenen Verbrechen geraten, während er selbst von jeder Buße von seinen Untaten befreit bleibt. Nehmen wir ferner an, dass diese Person auch noch dazu zu einer außerordentlichen Kenntnis geheimer Kräfte gekommen ist, die sie natürlich alle ihrer Selbstsucht dienstbar macht. Ein solcher Mensch pflegt da eine große Scharfe der Beobachtung zu entwickeln, wo ihn seine eigene Leidenschaft dabei unterstützt. Und da der Egoismus alle seine geistigen Fähigkeiten verschärft und verdoppelt, so kann eine solche Natur selbst auf dem Gebiete der Wissenschaft zu großartigen Ergebnissen gelangen. Und nachdem ein solches Wesen durch immerwährende Übung dahin gekommen ist, alle anderen zu beherrschen, kann es sogar dazu übergehen, diese seine Herrschgewalt über sich selbst auszudehnen, nicht etwa aus guten und edlen Beweggründen, sondern nur, um seine allgemeine Machtfülle zu erhöhen. Mit Zähigkeit hängt ein solcher Mensch am Leben und fürchtet nichts grimmiger als den Tod; ewig zu leben dünkt ihm das Höchste. Wohl kann er nicht hindern, dass die Jugend schwindet, wohl kann er dem Gesetze des ewigen Werdens und Vergehens nicht völlig widerstehen und für sich selbst Unsterblichkeit erwirken. Aber ein solcher Mensch kann immerhin auf eine unglaublich lange Zeit den Eintritt des Alterns, das Versagen und Versiegen der Kräfte von sich abhalten. Ein solches Wesen pflegt dann in einem Jahre weniger zu altern, als andere in einer Stunde. Mit der Kraft des Willens beugt es einer vorzeitigen Abnutzung seiner physischen und psychischen Kräfte vor. So lebt dieser Mensch weiter und nur um kein unnützes Aufsehen zu erregen und als Wunder angestaunt zu werden, versteht er sich dazu, von Zeit zu Zeit für seinen näheren Bekanntenkreis scheinbar zu sterben. Er sorgt erst noch dafür, dass er die Mittel für eine verborgene Weiterexistenz irgendwo aufhäuft und verschwindet dann geheimnisvoll. Durch falsche Gerüchte bringt er in den Mund der Leute, dass er da oder dort gestorben sei und sogar ein großes Leichenbegängnis stattgefunden habe. In Wahrheit taucht dieses Wesen aber am anderen Ende der Welt wieder auf, wo es, von niemandem gekannt,

weiterlebt, und nicht eher sucht es die Stätten seines früheren Wandelns wieder auf, als bis alle gestorben sind, die vordem es von Angesicht zu Angesicht gekannt hatten. Der ungeheure Egoismus, von dem jenes Wesen erfüllt ist, schützt es davor, dass es sich bei diesem Dasein elend fühlt, wie es jeder Mensch von wahrem Gemüte sein würde. Ewig muss ein solcher Mensch an sich halten, um sein Geheimnis niemandem zu verraten.
Solche Wesen gibt es und ein Mann, wie ich ihn soeben beschrieb, steht vor mir! Herzog von X., ich kenne Sie. Sie lebten einst am Hofe zu X. X., inmitten von Alchymisten und Schwarzkünstlern und Ihr Leben floss hin zwischen Wohlleben und allerhand standesgemäßen Händeln! Im vorigen Jahrhundert lebten Sie als Gaukler und Verbrecher unter einem anderen, weniger vornehmen Namen. Dann mussten Sie vor dem Arme des Richters fliehen, weil Sie das Gesetz schlimm verletzt hatten. Schließlich kamen Sie nach London zurück als harmloser Reisender, aber von denselben bösen Leidenschaften erfüllt, die in Ihrem Herzen seinerzeit tobten, als in diesen Straßen Menschen wandelten, die jetzt nicht mehr leben. Du verruchtes Bild des Lebens im Tode, des Todes im Leben, du Zerrbild aller wahrhaften und edlen Mystik, entferne dich aus den Bezirken der anständigen Menschheit, kehre zurück zu den Trümmern dahingesunkener Städte, kehre zurück in die Wüstenei der unerlösten Natur!“
Da antwortete mir mit so melodischem bezauberndem Klange ein Flüsterlaut, der mich vom Kopf bis zu den Füßen durchrieselte und alle Widerstandskraft in mir aufhob. Ganz leise, aber dennoch deutlich vernehmbar hörte ich: „Einen Menschen wie Sie habe ich in den letzten hundert Jahren immer gesucht, endlich habe ich ihn gefunden und nun werden wir nicht voneinander scheiden, bevor ich von Ihnen erfahren habe, was ich zu wissen wünsche. So wie in dieser Stunde war nie zuvor und wird auch später nicht wieder in Ihnen die Kraft lebendig sein, die Vergangenheit zu durchschauen, den Schleier der Zukunft zu heben! Es lebt in Ihnen eine Seherkraft, geboren aus dem starken Geiste eines kräftigen Mannes und die

nichts gemein hat mit den Phantasien hysterischer Weiber! So schwinge dich denn empor und sieh!“
Gleichsam wie auf Adlersflügeln fühlte ich mich emporgehoben, während der Fremde so zu mir sprach. Die Schwerkraft schien für mich aufgehoben zu sein, die Mauern des Saales verschwanden, vor mir erstreckte sich das weite Himmelsgewölbe. Ich fühlte nicht mehr die Beschränkung meiner Körperlichkeit, ich wusste nicht, wo ich war – jedenfalls fühlte ich mich über Zeit und Raum erhoben. Wiederum vernahm ich das einschmeichelnde Geflüster: „Ihre Schilderung war richtig, in der Tat sind mir Kraft meines Willens große Geheimnisse geworden; auch das ist richtig, dass ich durch meinen Willen und durch meine Kenntnisse in den Wissenschaften imstande war, den natürlichen Ablauf meines Lebens hinauszuschildern, jedoch – das Alter allein ist es nicht, das den Tod mit sich bringt. Antworten Sie mir, habe ich es in der Hand, die Zufälle abzuwehren, die sich mir entgegenstellen könnten?“
„Nein! Was wir Zufall nennen, ist immer nur Vorsehung und der Vorsehung gegenüber ist der menschliche Wille machtlos.“
„Werde ich durch das, was Sie Zufall nennen, oder durch das langsame unwiderstehliche Vorwärtsschreiten der Zeit endlich nach Jahrhunderten sterben?“
„Der Zufall, das was Sie Zufall nennen, wird die Ursache Ihres Endes sein!“
„Ist das Ende noch weit entfernt?“ Es klang, als wenn die fragende Stimme dabei leise erbebte.
„Mit meinen Augen betrachtet, haben Sie noch weit bis zu dem Ziele.“
„Und werde ich wieder, bevor mir das Ende bereitet ist, in eine menschliche Berührung mit den Lebenden kommen, so wie es war, bevor ich mich den magischen Künsten zuwendete? Werde ich wieder fühlen lernen mit den Menschen, an ihren Streben und Mühen teilnehmen? Wird wieder Ehrgeiz in meine Seele ziehen und wird mir die Kraft der Weisheit beschert sein, mit der ich die Macht erlange, die außerordentlichen Menschen von Natur zusteht?“

„Wohl wird Ihnen noch eine Rolle beschieden sein, durch welche Sie die ganze Erde in Verwirrung und Schrecken versetzen werden. Es bleiben Ihnen noch Jahrhunderte aufgespart, in denen Sie, der Sie selbst ein Wunder sind, wunderbare Pläne zu verwirklichen haben. Dann wird die Macht der Geheimnisse eine edle Anwendung finden, dann werden Sie der Herrscher über die Menschen werden, zwischen denen Sie jetzt wie ein Fremdling einhergewandelt sind. Völker und Trone werden zunächst durch Ihren verderblichen Zauber wie in einen Strudel hinabgerissen werden, gleichsam wie am Strande des Meeres Bäume und Sträucher von einem Wirbelwind erfasst, in die Flut hinabgestoßen und wieder von ihr zurückgespien werden! Aber wider Ihres eigenen Willens werden Sie selbst im Zerstören noch ein Erbauer sein!"

„Was Sie mir verkünden – ist das nahe?"

„Nein, es ist noch weit entfernt. Doch wenn eintritt, was ich prophezeie, dann naht sich auch Ihr Ende und vom Schauplatz des Lebens treten Sie ab."

„Wo und wie ist das Ende? Im Osten oder im Westen, im Süden oder im Norden?"

„Dort, wo Sie noch nie gewesen, dort, wohin Sie Ihr Instinkt zu gehen gewarnt hat, dort wird Sie der gewaltige Arm ergreifen – der Tod! Vor meinen Augen erblicke ich ein Schiff – ein Zauberschiff – ruhelos jagt es hin, es segelt fort und fort. Es scheint, als folgten dem Schiffe ganze Legionen von Flotten. Aber es sind nur Trugbilder. Eisberge türmen sich auf – der Himmel ist mit einer seltsamen Röte umzogen. Hoch über der Eiswelt glänzen zwei Monde herab. Zwischen glitzernden Wänden ist das Schiff jetzt eingeklemmt – von Eisfelsen völlig umgeben. Auf dem Verdeck liegen Tote umher – eiskalt und starr – die bleiche Farbe des Todes untermischt mit einem fahlen Grün. Alle sind tot – nur einer lebt, Sie! Die Zeit hat auch an Ihrem Leben genagt, so langsam es für Sie dahin floss. Auf Ihrer Stirn sind die Falten des Alters zu sehen und in Ihrem Gehirn dahinter ist Ihr fester Wille von einst erschlafft. Gleichwohl ist er immer noch stärker als der Wille aller Menschen, die mit Ihnen waren. Denn durch den Willen allein haben Sie noch Ihr Leben gefristet, obschon Hunger und Kälte Sie wütend peinigen. Dort oben in jener starren Eisregion gehorcht die Natur nicht mehr Ihrem Willen, kalt und eisig strahlt es vom Himmel, die Luft ist um Sie her wie eisige Wellen und die Eisfelsen drohen das Schiff zu zerspalten. Hören Sie, wie es in allen Fugen kracht und splittert. Immer enger umklammert das tödliche Eis das zerbrechende Schiff. Ich sehe einen Mann vorwärtsschreiten, das Schiff verlassen und die Toten hinter sich zurücklassen. Jetzt klettert er die Schrunden und Klippen eines Eisberges empor, fahl beleuchtet vom Scheine jener beiden Monde. Sie sind es! Nichts wie Entsetzen spricht aus Ihrem ganzen Wesen und Furcht und Angst hat Ihren Willen ganz gebrochen. Von den Gletschern der Eisberge her nahen sich grauweisliche entsetzliche Wesen – Eisbären sind es, die ihre Beute wittern – immer näher und näher kommen sie heran, indem sie schwankend ihre plumpen Körper heranschleppen. An diesem Tage wird Ihnen ein Augenblick länger vorkommen als alle Jahrhunderte, die hinter Ihnen liegen. Und nun nach diesem Leben erwartet Sie der Segen oder der Fluch der Ewigkeit!“

„Still!“ sprach es mit Flüstern zu mir, „noch weit entfernt ist jener schlimme Tag! Einstweilen kehre ich zu den Düften und Freuden von Damaskus zurück Schlafe, schlafe!“

Es wurde mir dunkel vor den Augen; das Bewusstsein verließ mich. Als ich wieder zu mir gelangte, sah ich meinen Bekannten an meiner Seite stehen, er hielt meine Hand in seiner und meinte lächelnd: „Sie behaupteten immer vom Mesmerismus nicht besiegt werden zu können und nun hat Sie doch der Einfluss meines Freundes Richards überwältigt.“

„Wo ist Herr Richards?“

„Eben ging er fort, nachdem Sie das Bewusstsein verloren hatten. Er sagte ganz ruhig zu mir, vor einer Stunde wird Ihr Freund nicht zu sich kommen.“

So ruhig wie es mir möglich war, fragte ich nach der Wohnung des Herrn Richards.

„Er wohnt im Trafalgar-Hotel.“
„Bitte reichen Sie mir Ihren Arm“, sagte ich zu meinem Bekannten. „Ich muss ihn unbedingt aufsuchen, denn ich habe dringend mit ihm zu reden.“
Als wir in dem Hotel anlangten, wurde uns die Kunde, dass Herr Richards vor einer halben Stunde in das Hotel gekommen sei, seine Rechnung beglichen und seinem griechischen Diener den Befehl gegeben habe, seine Koffer zu packen. Er solle mit dem nächsten Dampfer, der morgen von Southampton abgehen würde, nach Malta abreisen. Er selber habe – so habe Herr Richards hinzugefügt – noch in der Nachbarschaft Besuche zu machen und wüsste nicht genau, ob er den gleichen Dampfer erreichen werde, auf dem sein Diener fahren sollte. Wenn ihm das nicht möglich sein würde, dann würde er eben mit dem nächsten Schiffe nachfolgen. Der Hoteltürwart fragte mich nach meinem Namen. Als ich ihn genannt hatte, sagte er mir, dass Herr Richards einen Brief für mich zurückgelassen hätte, falls ich nach ihm fragen würde. Hier sei der Brief. Ich öffnete das Schreiben und las darin folgendes: „Mein Wille war, Ihre Gedanken zu erforschen; mein Wille war Sieger und Sie haben sich mir offenbart. Sie sehen, dass ich über Sie Gewalt habe. Ich befehle Ihnen nun, innerhalb dreier Monate von diesem Tage an niemandem mitzuteilen, worüber wir Beide gesprochen haben und auch diesen Brief niemandem zu zeigen, selbst dem Freunde nicht, der Ihnen in diesem Augenblicke zur Seite steht. Drei Monate hindurch haben Sie über meine Person und mein Wesen völlig Schweigen zu beobachten. Versuchen Sie nicht, wider mein Gebot zu handeln, selbst wenn Sie an meiner Macht zweifeln sollten, Ihnen ein solches Gebot aufzuerlegen. Erst vom Ende des dritten Monats an nehme ich meine Macht von Ihnen weg. Sie sind dann des Zaubers ledig. Im Übrigen sollen Sie nichts von mir zu befürchten haben. Wenn Sie dereinst gestorben sein werden, werde ich genau ein Jahr, nachdem das Grab Sie aufgenommen hat, Ihre letzte Ruhestätte besuchen.“
So endete diese merkwürdige Geschichte, von der ich nicht verlange, dass jeder, der sie liest, sie voll glauben und verstehen soll.

Genau nach drei Monaten, nach Empfang dieses letzten merkwürdigen Briefes, griff ich zur Feder und schrieb alles getreu nieder, wie ich es erlebt hatte. Vorher brach ich das Schweigen nicht und auch meinem Freunde, der zusah, wie ich beim Scheine des Gaslichts den Brief las, zeigte ich trotz seiner eifrigen Bitten nicht, was mir der rätselhafte Fremde geschrieben hatte.

Weitere Bücher aus dem Christof Uiberreiter Verlag:

Das goldene Blatt der Weisheit
Seila Orienta/Franz Bardon

Zum ersten Mal in der okkulten Literatur wird die 4. Tarotkarte des Hermes Trismegistos verständlich beschrieben und offengelegt. Sie beinhaltet unbekannte Konzentrations- und Meditationsübungen. Des Weiteren gibt sie Hinweise und erklärt die Unterschiede zwischen Magie und Mystik und Gefahren des einseitigen Weges. Am Ende steht die Verbindung mit der universellen Gottheit, dem Herrn der Sonnensphäre, welcher quabbalistisch „Metatron“ genannt wird.

*

5. Tarotkarte – Mysterien des Steins der Weisen
Seila Orienta/Franz Bardon

Dieses Buch stellt die Vorderseite der Alchemie dar, die die einzelnen praktischen Übungsschritte erklärt, ohne die verschlüsselten Mystifikationen der alten Alchemisten auch nur annähernd zu erwähnen, wie man es aus den anderen Büchern des Franz Bardon kennt. Es wird erklärt, dass ohne vollkommene Beherrschung der 4 Elemente keine Alchemie möglich ist. Des Weiteren wird mit den einzelnen Ebenen, mit den Matrizen, dem elekromagnetischen Fluid usw. gearbeitet. Doch der Hauptpunkt stellen die göttlichen Eigenschaften wie z. B. die Allmacht dar, mit denen der Göttliche Stein der Weisen durch gewisse Übungen geladen wird.

*

Talismanologie und Mantramkunde
Seila Orienta/Franz Bardon

Zum ersten Mal werden hier (magisch) geladene Mantrams – Gebetssätze – preisgegeben, welche bei nötiger Reife, Ausgeglichenheit und Reinheit durchdringende Erfolge versprechen.

Mantrams sind ja nach Bardon nicht irgendwelche „Suggestionssätze“, sondern sie sind Ideenausdrücke, mit denen man mit Mächten, Kräften, Eigenschaften, also Gottheiten, in Verbindung kommen kann. Gleichzeitig werden die dazugehörigen Siegelzeichen der göttlichen Ideen preisgegeben, welche im rituellen Zusammenhang mit den Mantrams stehen. Ein Buch, dass nicht nur die Hermetiker sondern auch die Anhänger der Yogawissenschaften inspirieren wird!

*

Eine Sammlung der schönsten und lehrreichsten Beschwörungsgeschichten

Hohenstätten

Dieses Buch ist einzigartig, denn es zeigt den zweiten Band von Franz Bardon an Hand von interessanten Evokationsberichten, die genau das bestätigen, was Bardon in seinem Buch geschrieben hat, und noch darüber hinaus. Es werden sensationelle Erlebnisse geschildert, die man sonst niemals findet. Auch aus unveröffentlichten Schriften wird zitiert.

*

Verkörperungen des Meister Arion

Hohenstätten

Man wird beim Lesen dieses Buches nicht glauben, wie viele bekannte und unbekannte Inkarnationen Franz Bardon hatte. Die paar, die im „Frabato“ bekannt gegeben wurden, stellen nur einen geringen Teil seiner Verkörperungen dar. Wir mussten, da es dermaßen wenig Literatur über die Verkörperungen gab, wieder hunderte und aberhunderte von Büchern, Aufsätzen, Zeitschriften und Artikeln durcharbeiten, bis wir genügend Material für dieses Buch hatten. Aber der Leser wird sich beim Lesen sicherlich über unsere Arbeit freuen, denn sie wird ihn in Erstaunen versetzen!

Shamballa, der goldene Tempel des Lichts
Hohenstätten

Dieser Tempel dürfte jeden Leser von Bardons Roman „Frabato“ fasziniert haben. Dass es aber in der okkulten Literatur noch viel mehr Informationen darüber gibt, die man aber nur findet, wenn man alles Veröffentlichte gelesen hat, dürfte dem einen oder anderen unbekannt sein. Es wurden wieder ganze Stöße von Büchern durchgesehen und das Ergebnis wird hier veröffentlicht. Es wird aber gleichzeitig darauf hingewiesen, wie viel Schundliteratur es darüber gibt, wie viel Lügen im Umlauf sind, damit sich der Schüler der Hermetik ein klares Bild machen kann. Wir bringen in diesem Buch alles, was wir an Material darüber gefunden haben und es wird auch noch einiges aus der eigenen Erfahrung, was das Wertvollste ist, mitgeteilt. Nicht nur über den Tempel wird berichtet, sondern auch über die damit verbundene „Bruderschaft des Lichts“, dessen Sitz er darstellt.

*

Auf der Suche nach Meister Arion
Hohenstätten

Diese Autobiographie eines Schüler der Hermetik des Franz Bardon schildert sein magische Leben, in welcher zahlreiche Erfahrungen zu den Übungen aus dem Adepten geschildert werden, die die Hauptperson selbst erlebt hat. Es wird der schwere Weg des Adepten aus autobiographischer Sicht gezeigt, seine vielen Tiefschläge, aber auch seine glanzvollen Seiten und Zeiten. Der harte Kampf mit dem Seelenspiegel wird bis in alle Einzelheiten aufgezeigt, genauso wie die vielen anderen Wege, in welche der Autor reinschnupperte um dadurch reichlich Erfahrung sammeln zu können. Darüber hinaus enthält es unzählige Erfahrungen und Berichte betreffs Mantramistik nach Bardon, die wahre Runenmagie, zahlreiche Evokationen sowie Invokationen mit seinem Lehrer Anion, einen magischen Exorzismus, wie er bisher noch nie öffentlich geschildert wurde.

Mentalreisen, Beeinflussungen, Übungen zur Gottverbundenheit, Erscheinungen, Alchemie, Heilungen mit den verschiedensten magischen Methoden z. B. Quabbalah oder durch die Elemente, Schutzgeistevokationen und viele andere magische „Wunder“ seines Freundes und Lehrers Anion. Auch einige magische Fotos in Farbe, ein bisher von Bardon unveröffentlichtes Akashafoto von Christus und ein Bild des schwebenden Meister Arion werden in diesem Buch preisgegeben. Der Inhalt ist viel reichlicher, als hier kurz beschrieben werden kann.

*

Magisches Gleichgewicht
Hohenstätten

Dieses Buch zeigt eindeutig, dass in allen anderen Systemen das „Gleichgewicht“ genauso gebraucht wird, wie bei Bardons Werken. Er war nicht der einzige, der das erwähnte, aber er war der erste, welche es deutlich erklärte, denn die anderen Systeme sprachen nur durch das Symbol, welches nicht jedem Leser verständlich war. Obendrein bringen wir nochunveröffentlichtes vom Meister Arion zu dieser Grundlage der magischen Entwicklung.

*

Das Leben und die Erfahrungen eines wahren Hermetikers
Seila Orienta

Diese Autobiographie eines Magiers ist unübertroffen, denn bis jetzt hat kein einziger, okkult Geschulter, so offen und ehrlich gesprochen wie Seila Orienta. Er gibt in diesem Werk sein Leben bekannt, sowie seine zahlreichen und äußerst interessanten Erlebnisse und Erfahrungen. Es werden auch zum ersten Mal Fotos von Wesen der Sphären gezeigt, welche Franz Bardon höchstpersönlich in den 20ern gemacht hat. Des Weiteren schreibt Seila Orienta über die Sphären, über Dämonen, Logenkontakte und vieles vieles mehr, was einem ehrlich strebenden Hermetiker das Herz übergehen lassen wird.

Das Leben des Franz Bardon

Hohenstätten

Dieses Buch beschreibt das Leben des Meisters außerhalb des Frabatos, welches seine Sekretärin – Otti V. – geschrieben hat. Es beinhaltet Erklärungen zu seiner „Biografie", weitere Einzelheiten über den Kampf mit der FOGC, seine Beziehung zu Wilhelm Quintscher und anderen Okkultisten, was alles bisher unbekannt war! Des Weiteren werden viele Erlebnisse seiner Schüler in Prag erzählt, verschiedene magische Leistungen und interessante Geschichten Bardons beschrieben, die bis dato unveröffentlicht sind. Es werden auch seine drei Lehrwerke und deren Wirkung auf die Öffentlichkeit von einem anderen, unbekannten Standpunkt geschildert, welcher durch bisher schwer zugänglichen Schriften unterstützt wird. Als Krönung wird seine aus dem tschechischen übersetzte „Runenschrift" zum ersten Mal veröffentlicht. Auch einige Seiten aus anderen unveröffentlichten Schriften von ihm sowie interessante Fotos des Meister Bardon und seiner Freunde werden hier Preis gegeben und vieles, vieles mehr.

*

In Verbindung mit der Gottheit

Hohenstätten

Über das Thema der Gottverbundenheit mit all seinen Formen und Methoden wurde bis heute noch nie ein Buch verfasst geschweige denn eine Schrift geschrieben. Man findet in der okkulten wie in der östlichen Literatur nur spärliche Hinweise, die größtenteils verschlüsselt sind oder so geschrieben wurden, dass man sie kaum versteht. Im Gegensatz dazu wird in diesem Buch offen dargelegt, dass das 1. kleine Arkanum der 78 Tarotkarten die Gottverbundenheit in ihrer Reinform darstellt.

Hermetische Heilmethoden
Hohenstätten

Dieses Buch stellt in der okkulten Literatur ein absolutes Unikum dar, denn über die Gesamtheit der okkulten Heilmethoden wurde bis jetzt noch NIE etwas sinnvolles geschrieben. Es werden alle Heilmethoden erwähnt, die der hermetische Schüler mit Hilfe seiner bisher erlangten Konzentrationsfähigkeit ausüben und verwenden kann.

*

Erste hermetische Zeitschrift

„Der hermetische Bund teilt mit“ ist eine der wenigen magisch-mystischen Zeitschriften, welche sich soweit als möglich auf die universelle Lehre von Franz Bardon bezieht. Sie versucht sich an die Gesetze des 4-poligen Magneten zu halten und vermittelt Wissen sowie Hinweise für die Praxis, damit der Leser die Möglichkeit hat, sie in seinen hermetischen Weg aufzunehmen und für sich gewinnbringend zu verarbeiten.

Noch viel mehr hermetische Literatur finden Sie auf unserer Website: http://www.hermetischer-bund.com.

Viel Vergnügen beim Stöbern!

Der Verlag

www.ingramcontent.com/pod-product-compliance
Ingram Content Group UK Ltd.
Pitfield, Milton Keynes, MK11 3LW, UK
UKHW020234250726
13967UKWH00001B/360